高校体育教学与体育文化建设研究

郑 欣 ◎著

中国戏剧出版社
CHINA THEATRE PRESS

图书在版编目（CIP）数据

高校体育教学与体育文化建设研究 / 郑欣著. --
北京：中国戏剧出版社，2024. 7. -- ISBN 978-7-104
-05541-9

Ⅰ. G807.4

中国国家版本馆 CIP 数据核字第 2024RP0853 号

高校体育教学与体育文化建设研究

责任编辑：周忠建
责任印制：冯志强

出版发行：中国戏剧出版社
出 版 人：樊国宾
社　　址：北京市西城区天宁寺前街 2 号国家音乐产业基地 L 座
邮　　编：100055
网　　址：www.theatrebook.cn
电　　话：010-63385980（总编室）　　010-63381560（发行部）
传　　真：010-63381560

读者服务：010-63381560
邮购地址：北京市西城区天宁寺前街 2 号国家音乐产业基地 L 座

印　　刷：天津和萱印刷有限公司
开　　本：787mm×1092mm　1/16
印　　张：10.25
字　　数：200 千字
版　　次：2024 年 7 月　北京第 1 版第 1 次印刷
书　　号：ISBN 978-7-104-05541-9
定　　价：60.00 元

版权专有，违者必究；如有质量问题，请与出版社联系调换。

前 言

体育与人类的生存与发展密切相关,体育作为人类社会生活中的重要文化形式,不管是在物质层面还是在精神层面都触及了人类生活的意义文化。对于体育的解读,我们可以立足文化学范畴来认识体育,这也成为人们对体育进行深入了解的另一新视角,如果从文化的视角对体育进行审视与研究,那么体育所具备的功能会有所扩大,可能会具备如科学技术、文学艺术、电视电影、新闻媒体等其他文化的功能,发挥促进人类发展与进步的重要作用。

为了推动体育强国建设,国务院办公厅在2019年9月发布了《体育强国建设纲要》,以促进体育在社会主义现代化建设中发挥积极作用。当前,我国的体育教育改革正在朝着不断深化的方向迈进,体育教学质量有了显著提高。同时,多年来一线体育教师面对日益复杂化的教学环境和多元化的体育教学模式,也根据实际情况采取了收效性最大的教学方式方法。

在学校教育中,高校体育教学是重要的组成部分之一,主要目的在于为社会培养兼具创新精神与健康体魄的人才,实现人才的德、智、体、美、劳全面发展。在21世纪,培养出具备创新能力、具备创新思想、具有协作精神和生存能力的全面人才,是课程教育改革持续发展的必然需要,也是体育教育事业发展的需要。为此,教师在教学中必须解放思想,转变观念,大胆尝试体育教学改革,及时摒弃不适应现代教学理念的传统思想与教学方式。在新时代背景下,大学生不仅要具备强健的体魄,还要具有开拓精神和现代意识,因而将大学体育教学与体育文化相融合成为当前构建教育体系的必然要求,这也成为当前为社会培养实用型和全面型体育人才的重要举措。

本书共分为五章。第一章的主题为高校体育教学概论,分为高校体育教学的发展历程、高校体育教学的目标与价值、高校体育教学内容的优化、高校体育教学模式的应用四个部分;第二章主要介绍高校体育文化概论,分为高校体育文化的理论概括、高校体育文化的结构和内容、高校体育文化的特征和功能三个部分;第三章围绕高校体育文化建设展开论述,分为高校体育文化建设的发展现状、高校体育文化建设的内容与形式、高校体育文化建设的要求、高校体育文化体系的建设四个部分；第四章的主题是高校体育教学与体育文化的发展路径，包括高校体育教学与体育文化的联系、高校体育教学中体育文化的传承、高校体育教学与体育文化的融合发展三个部分的内容；第五章论述的是体育文化在高校竞技体育教学的实践应用，主要对体育文化在高校网球课堂教学的实践应用、体育文化在高校健美操学练的实践应用进行了论述。

  在撰写本书的过程中，笔者得到了许多专家学者的帮助和指导，参考了大量的学术文献，在此表示真诚的感谢。但由于笔者水平有限，书中难免存在疏漏之处，希望广大同行及时指正。

郑　欣
2023 年 5 月

目 录 CONTENTS

前 言 ······ 1

第一章　高校体育教学概论 ······ 001
　第一节　高校体育教学的发展历程 ······ 002
　第二节　高校体育教学的目标与价值 ······ 014
　第三节　高校体育教学内容的优化 ······ 024
　第四节　高校体育教学模式的应用 ······ 037

第二章　高校体育文化概论 ······ 051
　第一节　高校体育文化的理论概括 ······ 052
　第二节　高校体育文化的结构和内容 ······ 059
　第三节　高校体育文化的特征和功能 ······ 066

第三章　高校体育文化建设 ······ 076
　第一节　高校体育文化建设的发展现状 ······ 077
　第二节　高校体育文化建设的内容与形式 ······ 081
　第三节　高校体育文化建设的要求 ······ 087
　第四节　高校体育文化体系的建设 ······ 092

第四章 高校体育教学与体育文化的发展路径 ······ 113
第一节 高校体育教学与体育文化的联系 ······ 114
第二节 高校体育教学中体育文化的传承 ······ 115
第三节 高校体育教学与体育文化的融合发展 ······ 122

第五章 体育文化在高校竞技体育教学的实践应用 ······ 133
第一节 体育文化在高校网球课堂教学的实践应用 ······ 134
第二节 体育文化在高校健美操学练的实践应用 ······ 147

参考文献 ······ 157

第一章　高校体育教学概论

本章主要讲的是高校体育教学概论，从高校体育教学的发展历程、高校体育教学的目标与价值、高校体育教学内容的优化以及高校体育教学模式的应用四个方面展开论述。

第一节 高校体育教学的发展历程

一、我国古代体育教学的发展

（一）原始社会中的学校体育教育

原始人群不管是生存环境还是成长环境都是极其严酷的，在这种严酷的环境中，为了增强自身与大自然的抗争能力，于是就产生了原始教育。当时的原始教育主要是传授生活经验和劳动技能，如捕鱼、打猎、农耕。在"渔"方面，产生了原始的工具骨鱼钩和鱼镖，在"猎"中需要原始人群通过不断奔跑和跳跃来捕捉猎物，后来随着生产力的不断发展与进步，出现了工具猎射和弩射。一般来说，当时的教育者主要是具备各种技能且有着强壮身体的氏族部落首领。从教育方式来看，主要以言传身教为主。可以看到，在原始社会中的教育本身就具备体育教育的一些特性，这足以表明在人类社会漫长的劳动与生产过程中，体育随之产生与发展。

（二）奴隶社会中的学校体育教育

1. 夏、商时期的学校体育教育

大约在公元前 2070 年，我国的第一个王朝——夏诞生了。夏王朝的最高统治者建立学堂，以培养后代，维护国家的稳定。根据古书籍的记载，夏王朝的学校可分为三种形态：一是"庠"，承袭了原始社会虞舜时期的教育，其作用主要是对人们进行道德、经验和知识等的教导和伦理的教学；二是"序"，"序"的本意是练箭术的地方，后变成了军中的身体锻炼之地；三是"校"，"校"一词原为养马的地方，后发展为表演和摔跤的场地。以上三种学校有着形态上与授课内容上的区别，但基本上都是为统治者巩固政权服务。学校教育制度在商朝就已经出现，并且出现了一种新的、古籍中名为"瞽宗"的学校形态。根据甲骨文的记载，"瞽宗"是一个一般性的知识教学场所，主要进行读、写、算等教学。通过研究甲骨文中的象形和会意字，可以看出在商朝学校教育中，体育是一项非常重要的内容。

2. 西周时期的学校体育教育

西周的学校教育制度承袭夏朝，主要特点为"学在官府"（也叫作"学术官守")。于是,西周的学校就被分为国学与乡学两大类。国学与乡学在生源上有着明显的区别,对于国学来说,学生来源主要是中高级的贵族子弟,主要由小学和大学组成;对于乡学来说,学生来源主要是下级奴隶主和平民百姓的子弟,主要形式为"庠""序""校""塾"等小学形式。但是,在授课的内容上,不管是国学还是乡学,教育内容基本都是"六艺",这与"天子共主"的分封制下统治阶级对国家控制的统一性有很大关系。西周时期,以"六艺"为教育基础内容,最终形成以"文武合一"为主的学校教育内容。在这些课程中,蕴含体育课程较多的是"射""御""乐",这三者不管是在教学目标上,还是在教学环节上都彰显了西周时期学校体育教学组织所具备的章法分明、条理清晰、严谨的特点。西周时期的教育教学的基本方式为"射""御"和"乐",基本的手段为日常的身体训练,在体育中融入德育,使得体育的职能与作用在学校教育中得到了完美的展现与发挥。

3. 春秋战国时期的学校体育教育

在我国的历史上,春秋战国时期是一个奴隶制濒临崩溃,也是封建社会的形成时期,是承上启下的转折时期。但是,社会的发展并没有因此而停滞,一个新的阶级——"士人"逐渐兴起,深刻影响了文化领域与教育领域,出现了由"学在官府"向"学在民间"的转变,这使私学的规模不断扩大,并得到了进一步的发展。在这一时期,儒家、道家、墨家、兵家、医家和阴阳家等成为有影响力与有建树的学派,在私学中,这些学派所提出的体育思想对当时及后来都有着深远的影响。各家私学在宣扬自身的政治主张的时候,也展现了其不同的体育教育思想,强调了体育的重要性,显示了其在选拔人才时重视"文武"的结合。也就是说,优秀的人才不仅需要具备"文"上的才能,还需要具备"武"上的本领。"文武兼备"是春秋时期建立起来的教育理念,在后来,成为我国学校体育发展的重要基础,而各种不同的教育理念与体育思想之间的争论,也对促进体育文化的发展起到了重要作用。

(三)封建社会中的学校体育教育

1. 秦汉三国时期的学校体育教育

秦汉三国是中国封建社会的一个关键阶段,在这个阶段,社会政治、经济、文化等发生了巨大的变革,中国封建社会制度基本形成并获得了初步的发展,在经济上农业、手工业、商业的兴盛,使城市开始繁荣兴旺起来,并对科技文化的发展起到了一定的推动作用。但是,由于封建政权的建立,为了进一步巩固政权，汉武帝在登基之后，采取了"罢黜百家，独尊儒术"的方针政策。"罢黜百家，独尊儒术"思想的确立，使得当时学校教育的主要内容为"五经"。在重视社会教化的大背景下，"五经"中的《礼经》成为体育教育的基本模式。在汉朝，另外一项非常重要的举措就是官员的举荐、选拔制度，将精通经术作为人才选拔的重要标准，这就导致了很多文人提出"去武行文，废力尚德"，并且在实际生活中进行推广。所以，在学校中，有些不具对抗性质、运动量较少的运动，如投壶、弹棋等，受到了文人墨客的青睐。"五经"是学校教育的主要内容，也是儒学的经典，但由于《乐经》的遗失，儒学对体育教育的重视程度大大降低，其内容被大量删减，使得学校体育的发展趋于衰退。当时的体育教育价值观也因为儒家所倡导的文弱之风产生了非常直接、深刻的影响。儒者注重外在风度，强调文质彬彬、斯文羸弱的容态美，这进一步导致体育成为"不急之末学"。东汉时期，重文轻武思想越来越严重，从军或者行武的人逐渐减少。社会上普遍不重视体能锻炼，出现了"重文轻武"的社会风气，这些都是影响当时学校体育发展的一个重要因素。

2. 魏晋南北朝时期的学校体育教育

魏晋南北朝时期，国家之间战火不断，领土之争不断，造成了战斗区与非战斗区之间的巨大差别，特别是在文化教育事业的发展方面。在北方，由于连年的战争，人民生活困苦，这对社会和经济的发展造成了严重的影响，也影响了北方体育文化的发展，这是我国古代体育发展史上的一个低谷。在南方，经济得到快速发展，这为之后的体育发展打下了重要的物质基础。

魏晋之际，因为常年战乱，社会动荡不安，社会发展的步伐明显放缓。这一时期的学校教育比较杂乱，体育教育内容基本上被排除在官学之外，社会上存在着严重的"重文轻武"的风气。但到了南北朝时期，民族矛盾的持续加剧和北方各少数民族的文化融合，使得重文轻武之风有所收敛。首先，少数民族尚武豪放的风气，对以文弱之风为主导的南方人民产生了巨大的影响，并在此过程中，潜移默化地影响了南方士族；其次，少数民族女性在家庭、宗族中都很受尊敬，南方地区女性也因此积极地进行体育锻炼与体育活动。魏晋南北朝时期，战争的频繁发生必然会使得统治者加大对军事和武术的关注与重视，从而使军事和武术在魏晋南北朝时期有了某种程度的发展。其中，习射就有众多的人参与，当中更是有很多出类拔萃的人，并且大部分人从小就跟着老师或者长辈学习箭术，长期的训练让他们在很小的时候就学会了箭术。狩猎本就是一个展现箭术的平台，而且对于箭术超群的人，统治者也会给予相应的奖励，从而促进了箭术的发展。在军队中，陆地训练技能（以跑、跳、投为代表）与水上训练技能（以游泳为代表）都是当时身体教育的重要组成部分，因为当时社会动荡不安，战争不断，具备以上才能的人，尤其是有非常突出的技能的人很容易在战争中获得战功，得到统治者的赏识与重用。魏晋南北朝时期，崇尚武功、崇尚军功的社会风气，使人民具备了运动、健身的意识，这成为隋唐时期产生"开放进取"的社会风尚的重要基础与前提。

3. 隋唐五代时期的学校体育教育

魏晋南北朝时期经历了漫长的民族战争，隋唐统治者在国家安定、社会经济繁荣的大背景下，认识到要想实现王朝的长久发展，就需要有强大的军事实力及战争激战意识。所以，在隋唐之后，统治者非常注重身体教育训练与武器装备建设，不管是对普通民众还是对军队人员。在隋唐时期，体育教育获得了复兴，并且得到了一定程度的发展。隋朝建国虽短，但与前朝相比，在教育体制上最大的突破在于设立了教育行政专职部门——"祭酒"，专门负责管理教学场所，专掌教育事业，这也是产生专门教育行政长官的开始。儒家的经学是唐朝官学的主要教授内容，并且还出现了专门进行人文社会科学教育的场所，如专门教授医学、算学、天文学等的教学场所。唐代的教育比较发达，除了官方的学堂，还有一些私塾、蒙学等。军事训练和体育科目无论在官学中还是在私学中，所占的比例均较小。

武周时期建立了武举制，这是推动学校体育发展的重要原因。"武举"和"文举"一样，也是通过"科举"的方式选拔出最优秀的武官。通过对有关隋唐时期典籍的分析，目前已有的研究表明，武举的考题可分为三个方面：一是对武艺技术的考查，以射箭、长枪为主；二是力量与体能的考核，也就是翘关（举重）和负重（负重行走）；三是考核身材（身长）和言语（答策问）。参加武举的学生，就像如今的预备队的队员，自幼练习武术，锻炼身体，这是一种全新的体育教育形式。在当时的社会中，武举成为选拔人才的重要机制，这就促使社会习武之风盛行，部分文人士大夫也开始抛开传统的武学观念，投身于武学考试之中。这一举措得到了统治阶级的认可与肯定，并得到了大力的支持，从而在社会中培养了一大批文武兼备的人才。

武举制与唐朝社会原有的尚武之风相得益彰。学武报国受到了世人的普遍重视，极大地激发了民众习武的热情，也极大地促进了民间习武活动的迅速发展，推动了社会中"尚武"观念的迅速形成与发展。武艺教育随着武举制度的建立而产生，这有利于促进学校体育教育的发展与进步，并且武举制度为唐朝的军队建设培养了大批人才,促进了朝政的稳定,这也对中国古代的身体教育与体育教育的发展起到了积极的促进作用。

4. 宋辽金元时期的学校体育教育

继隋朝之后,北宋也是一个结束了国家长期分裂局面的朝代。北宋时期,国家统一,政局稳定,这为发展经济和开展文化教育工作创造了良好的条件。因为长时间的战乱,加之不断扩大的市民阶层,使得不管是教育活动还是体育活动都有了更好的发展空间。辽与金同属多民族政权,呈现出明显的民族性,因此其体育文化具有鲜明的民族特征,并在各民族的交流与融合中表现出明显的汉化倾向。在元代,民族的大融合更加显著,在体育上,它体现为对元代之前的很多体育成果的继承与发展,形成了军事训练与身体教育的结合,实现了多种活动共同协调发展的形式。

在宋仁宗时期,由于边境战事频繁,统治者意识到军队缺少人才,于是为了维护统治,在朝廷里建立了一个专门训练军队作战能力的机构——武学。宋朝武学的招收方式是三年一期,从文武百官中挑选精于兵法的谋士。武学生的入学要求很高,必须是达官贵人的子女,也可以是中小地主子弟,而且必须由京城官员做担保。在教学内容上,武学主要是将理论性和实践性的课程相结合,理论性的内容主要是关于军事方面的知识与理论,并编写了一本针对武学的专门教材——《武经七书》;实践部分主要包含身体训练技术和军事指挥两个方面,教学内容也会随着时间的推移不断完善。朝廷会在学生具有了一定基础后,给学生发放一些士兵,让武学生进行实际操练,使其将军事知识运用到实战中,这有利于提高他们的军事实践能力。尽管当时的统治者十分注重武学教育与管理,大力推动了武术的发展,但是武学制度的教育价值观最终还是落在了应对战事、巩固政权上,以及为国家培养武备力量和军事人才方面。

体育教育在辽金元时期发展较为缓慢,由于以北方少数民族为主,部分民族仍保留着游牧民族的淳朴民风,进入中原以后,仍处在一个对各民族优良文化进行学习、吸纳的阶段,因此,辽金元时期体育教育的发展较为薄弱。金统治者承袭了宋朝的武举制度,并且较之前更加公正与严格,对武举的延续与发展也成为各个少数民族"尚武"精神得以延续和发展的重要原因。宋朝的统治者非常重视军事和武术,建立了武学,设立了武术学校,培养了大量的武术人才。同时,宋代体育也因为政治、经济和文化的发达,拥有了良好的发展环境。但是,"程朱理学"的出现,抑制了体育文化的发展,从而导致了重文轻武观念的发展,这也是中国古代体育的没落开端。

5. 明代的学校体育教育

明代立国之初，统治者汲取了金、元统治中原的经验，注重培养文武双全的人才，特别是注重培养射箭人才，在全国各地开设了习射场，并将射箭作为体育教育的内容之一。明代延续了宋代设立的培养能带兵打仗人才的教育教学场所，逐渐建立了卫儒学、京卫武学、三镇武学，并一步步发展完善。

卫儒学设立于洪武年间，其初衷是对武官世袭制导致的朝廷缺乏可用武官的局面进行改善，因此其主要的教学对象为武官及其子弟。虽然在教育内容上主要是以理论性的知识为主，主要为"四书五经"和《武经七书》，但是其所提出的严厉惩罚等措施有利于提升武官子弟习武、学文的风气，这为明初提升武官的素质提供了保障。

建文四年（公元1402年）设立了京卫武学，在教授武生的时候，主要以教授两类教材为主：一是儒学经典，二是《武经七书》《百将传》。虽然统治者以提高武官素质为目的，但是统治者并没有明确规定武官子弟一定要成为武官，所以在重文轻武的社会背景之下，许多武官子弟没有参加武举，而是选择参加文举。这种社会现象的出现，让一些社会人士开始思考武官教养体制，并且为新武学做出不断努力。隆庆五年（公元1571年）设立了三镇武学，其主要的教学内容与武将的培养紧密相关，不仅会传授一些基本的军事理论，还会进行必要的、在理论基础上的实际军事指挥操作，这为社会培养了一大批优秀的武官人才。

卫儒学、京卫武学、三镇武学，都是在明代逐渐发展起来的，并逐步形成了完善的教学场地，是体育教育不断制度化的重要体现。在明代，武学和武举获得了延续和创新发展。一方面为社会培养了大批优秀的武官人才；另一方面促进了社会习武风气的形成，对以武术为主要教学内容的学校体育的发展起到了积极的促进作用。我们需要明确，不管是卫儒学、京卫武学还是三镇武学，从教育对象来看，主要面向的是武官子弟，所以明朝的武学可以说是一种武官子弟学校。古代学校体育因为封建社会的持续发展及高度集中的中央集权，正在走向衰落。

6. 清代的学校体育教育

清政府实行的是入乡随俗的方针，在入主中原之后，便继续推行明代的武举制度，并下令每年都要举办一次，以招揽更多人才。但是，它并未设立专门的武学，在正常的教学场所中学习儒家经典以及进行武义教学，这也就发展出了一套系统化的、具有清朝特色的学校教育体系。

从教育对象上来看，清代建立的官学存在着鲜明的等级区分和君臣之别，而且京城的国学招生只面向满族子弟。觉罗学的受教育对象主要是清朝统治阶级爱新觉罗家族的子弟，觉罗学名称由此而来，其主要的教学内容为满书、汉书（经史）和骑射。从受教育对象的阶级来看，宗学次之，主要的受教育对象为宗族内的子弟，因此宗学也被称为皇族子弟学校，清学、翻译和骑射武艺是其主要的教学内容。八旗官学次于宗学，是为八旗子弟专设的学校，满族以八旗为军队和户口的编制制度。尽管这三种类型的学校有着非常强的阶级属性，在教育内容上均有文有武，但更侧重于对武的教学，这更有利于身体教育和体育的发展。上述三种学校，尽管具有鲜明的阶级性，但它们毕竟是朝廷所设，且位于京城，是一种教育场所。朝廷还在各州府县设置了专门的教学场所，开设的内容主要是《武经七书》、骑射、《百将传》《孝经》等内容。清朝入关以后，武举在官学中得到了更大的发展，促进了体育教育的发展，再加上古代中国人的宗族意识很强，习武的人都是以家族为单位，有着宗族性质，因此通过武举而产生的武道世家和武官家族也逐渐出现在社会上。

然而，由于政治因素的影响，与之相伴而来的是对文试中的策、论考试的重视，这就注定了后来的武举制将走向终结。1840年鸦片战争对中国长期存在的人才选拔制度提出了巨大的挑战，迫使清廷废止了武举、武学，积极探求建立可以符合社会发展需求的、培养军事人才的学校体育教育体系。

二、我国近代体育教学的发展

（一）清末学校体育的发展

清末"新政"推行期间，颁布了各项改革和章程，如废除科举、兴办学堂等，这标志着中国新教育制度的初步建立，也是近代学校体育首次被纳入中国教育制度之中，并在各级学校中形成了固定的体育课程。伴随着近代体育体制的初步建立，近代学校体育开始实施，近代学校体育形成的标志为在各个学校中建立和开展早期的体育师资培养、体育组织与运动竞赛的开展。自《奏定学堂章程》颁布以来，随着新学校的不断增加，学生数量不断增加，"体育科"被列为各级学校的必修课程，主要研究高校体育教学与体育文化融合发展问题，在这一时期，最为突出的问题就是体育师资的来源问题。

1906年清廷学部通令全国各省于省城师范学堂"附设五个月毕业的体操专修科，授以体操、游戏、教育和教授法等，名额百名，以养成小学体操教习"[①]。当

---

① 陈华荣：《20世纪的中国学校体育法制探析》，《首都体育学院学报》2007年第5期，第4—7页。

时的早期体育师资教育主要是由一些留日学生回国之后创办的，一般的教育形式为：短期体育教师训练班、公私立体育专门学校、传习所、体育专修科。这些学校的性质也有所不同，有的是官方体育学堂，有的是团体或个人兴办的体育学校，有的是民主革命党人兴办的体育学堂。创办这些学校的代表人物有：徐锡麟、陶成章在浙江绍兴创办了大同师范学堂；徐一冰、徐傅霖在上海创办了中国体操学校；王季鲁与徐傅霖之妻汤剑娥在上海创办了中国女子体操学校。因为受限于当时的政治和经济环境，以上这些学校基本上采取的是速成式教学方式，为社会输送的人才较少，而且质量不高，但是在近代学校体育的具体实施上，还是起到了一定的积极作用。

在近代学校体育的实施过程中，运动竞赛的举办为新兴学校体育的发展创造了良好的条件。一方面，对师资进行培养，以完善和充实新兴学校，保证教学质量；另一方面，各级各类学校还通过各种形式的校际运动会促进近代学校体育的发展。譬如，1898年，在王少泉（北洋大学总办）与总教习丁嘉立（英国人）的倡导下，举办了中国近代史上第一次校际运动会。1903年，山东一些学校举办了"烟台阖滩运动会"，因为地理位置优越，人员往来便利，学校体育发展较快，校际运动会举办次数增多，比赛项目也逐渐增多，如1906年湖南长沙运动会中增加一项运动项目——武术表演。

1907年，在南京举办了"宁垣学界第一次联合运动会"，这是当时规模最大的校际运动会，被称为"江南第一次联合运动会"，有80多所学校共同参与，一共包含游戏、体操类等69个项目。我国实施近代学校体育，标志着我国的学校体育进入了一个崭新的阶段。尽管在师资培训上和运动竞赛上，主要借鉴国外的内容与形式，但其主要目的在于"尚武""强兵"，在体育活动中所进行的一些球类运动、田径运动，不断完善和发展了中国近代体育，为我国近代学校体育的发展奠定了坚实的基础。

（二）民国时期学校体育的日益完善

民国政府颁布的各项教育法令对我国学校体育的发展起到了推动作用。孙中山先生于1912年1月建立的南京临时政府教育部先后发布了《普通教育暂行课程标准》《普通教育暂行办法》等一系列文件。1912年9月中华民国第一个《学校系统令》公布，史称"壬子学制"。在此之后，接连发布了各类学校法令，因这些法令与"壬子学制"有所不同，因此在1913年对其进行了合并，统称为"壬子癸丑学制"。在"壬子癸丑学制"中，学堂改为学校，与清末的"癸卯学制"

相比，在学制上缩短了3年，并且明确规定男女都享有平等接受教育的机会。当时从西方传入了很多竞技运动项目，因为这些运动项目得到了广泛开展，在内容上增加了球类运动和田径运动。教育部明文规定，学校应在课外设立体育活动和组织运动竞赛，这促使田径、球类、游戏等运动在学校体育中得到了迅速发展。从这一点可以看出，"壬子癸丑学制"在一定程度上促进了当时学校体育的发展。

（三）近代末期学校体育的逐渐成熟

1. 新学制的颁布使学校体育教育趋向专业化

新学制是指1928年国民政府教育部公布的"戊辰学制"。它公布了一系列有关学校体育的法令，如1929年的《大学组织法》《专科学校法》、1932年的《小学校法》《师范学校法》和《职业学校法》等。这些法令和新学制的公布使得学校体育的体制得以完整地建立起来。与此同时，一些相关体育课程和体育教授标准与细目相继公布。这些"标准"与"细目"包括了学校体育的各个方面，如教学内容、活动时间等。这在一定程度上反映了当时体育学者的某些构想与愿望，标志着学校体育教育向专业化方向发展的趋势。但"放羊式"体育教学和"选手体育"一方面放弃了教师的主导作用；另一方面也助长了锦标主义的泛滥，导致了学校体育的畸形发展。

2. 体育师资的培养为近代学校体育的成熟创造了条件

体育师资的培养途径主要有以下四个：一是派送留学生（赴美、德、日、法等国家），这是当时进行师资培养的主要途径之一；二是开办大学体育科（系），最著名的培养体育专业人员的场所是国立中央大学体育系（科）；三是举办短期训练班；四是开设一些私立的大学体育系（科）和体育学校。尽管在师资培训过程中因各种原因存在一些腐败现象，但它仍然对近代学校体育逐步走向成熟创造了条件。

3. 体育学校的大量涌现使近代学校体育走向正轨

由于"新学制"的颁行、学校体育的变化及女子体育的逐步实施，1912—1927年，许多培训体育师资的体育学校及培养体育专业人才的体操学校和体育专修科大量地涌现。例如，1915年创办的南京高等师范学校于1916年开设体育专修科等，学校的课程设置较前有了改进，使体育专业教育有了较大的发展。这些学校的出现标志着近代学校体育开始迈向正规化。

三、中华人民共和国成立以来体育教学的发展

（一）转型期竞技体育优先发展

在社会主义建设时期，我国先后建立了有计划的商品经济体制和市场经济体制。其中，政治因素对于学校教育、体育的影响主要围绕着我国所处的国际形势而变化。我国先是主要学习借鉴了美国、日本的教育理念，到了20世纪80年代后期，则主要借鉴东欧的教育模式。改革开放之后，西方各类文化思潮涌入中国。中国传统的文化价值观受到了西方的"实用主义""功利主义"等的冲击。学术界围绕各类教育思想展开了多次讨论，在一定程度上促进了我国学校体育教学内容和目标的发展。必须重点说明的是，20世纪90年代，尤其是1992—1999年这个阶段是改革开放和社会主义市场经济探索建设时期。随着综合国力的不断提升，我国的内外政治环境日趋稳定，社会经济、管理体制不断改革调整，社会文化在国外文化的冲击下催生了多元化的价值观，教育系统和高校发展等方面也都进行了许多关键性的改革和调整。因此，这个时期也是学校体育内容、特征、目标发生转型的关键过渡期。

1987年，教育部再次修订了学校体育教学大纲，首次提出了"发展学生个性"和"使学生懂得锻炼身体的基本原理和独立进行科学锻炼身体的方法，以适应终身锻炼身体和生活娱乐的需要"等新观念。整体看来，改革开放之后，我国体育思想日益多元化，管理制度不断完善，学校体育教学模式、组织结构和教学方法、手段也相应地进行了改革、调整。受学校体育整体效益观影响，学校体育目标逐渐从"增强体质"向多元化方向发展。1990年，国务院颁布了《学校体育工作条例》，规定了学校体育工作的基本任务是："增进学生身心健康、增强学生体质；使学生掌握体育基本知识，培养学生体育运动能力和习惯；提高学生运动技术水平，为国家培养体育后备人才；对学生进行品德教育，增强组织纪律性，培养学生的勇敢、顽强、进取精神。"这一文件的颁布使学校体育的地位得到巩固和提高，并使学校体育逐步走向科学化、规范化。另外，20世纪90年代前后的课外体育活动和校园运动竞赛也十分活跃。受"体育强国"的"竞技体育举国体制"影响，校内、校际运动竞赛活动十分多样，各种对抗赛、邀请赛、选拔赛、表演赛、等级赛和运动会层出不穷，全国及省、市各级的运动会制度逐渐形成。

（二）"应试"导向下的学校体育及不同教育阶段的差异化

进入21世纪后，政治、经济相对稳定之下的群众体育获得快速发展，国际

政治、竞技环境发生巨变。我国的社会主义市场经济体制已经初步建立,人们的经济水平和认知能力得到大幅度提高。一方面,人们对竞技体育的关注更加理性,主要是享受参与或者观看竞技比赛时带来的愉悦感;另一方面,群众体育快速发展,能够自主参与体育锻炼的人群逐渐增加。国内外政治、经济环境的变化,在一定程度上削弱了竞技体育举国体制的社会影响。

1. 学校体育政策调整与良性发展

1999年,中共中央、国务院印发了《关于深化教育改革全面推进素质教育的决定》,标志着我国学校体育在指导思想、工作重心、教学内容等方面进入了新的发展阶段。21世纪的课程改革着重关注学生的主体需要,更加注意运动安全和损伤的预防,能够依据学生的具体情况对教学内容、运动负荷进行适当调整。为了从根本上扭转广大青少年学生体质持续下降的问题,我国从2007年开始在全国亿万青少年学生中开展"阳光体育运动"。2013年11月,党的十八届三中全会审议通过了《中共中央关于全面深化改革若干重大问题的决定》,对学校体育工作提出了明确要求:"强化体育课和课外锻炼,促进青少年身心健康、体魄强健。"

总之,21世纪的中国学校体育中,各种教育思想、课程改革百花齐放,一个以生物、心理、社会三维健康为基础系统的开放的学校体育观基本形成。从整体上看,全国各地关于学校体育的制度建设、师资队伍、场馆设施等方面的建设投入都有显著改善,"健康第一"成为重要指导思想,各级各类学校热烈开展阳光体育运动。人们对于"终身体育"理念的认可和重视也相对有所增强,只是在面临高考等升学考试之时,学校中的"体育"仍然要让位于"智育"。

2. 学校体育问题及其新特征

首先,20世纪末管理结构改革调整后,学校体育被完全纳入教育系统。学校体育与中国体育的关系开始变得模糊,但是作为"学校身体教育活动",它的教育属性又缺乏广泛的社会认同。相关负责人只能遵循传统的"工作内容"开展常规的学校体育工作。由于在第二次院校调整过程中,许多普通高校也纷纷开展了体育学科、专业建设,在资源有限的情况下逐渐降低了对于公共体育的重视。

其次,基于"应试"的观念逐渐主宰了整个学校教育环境,不同人群的体育参与目的出现分化。对于少数运动天赋较好、拥有一定运动技能水平的学生来说,"体育"成了他们获得更优质教育资源的"助推剂"。例如,中小学阶段,非片区入学择校、中高考时特长生加分(降分录取或者特殊生源引进);大学阶段,高水平大学生运动员可以依据其运动员等级、竞赛成绩等条件申请按照学校相关规定为其专业课考试分数绩点加成。而对于大部分学生而言，常规的体育课和锻炼活动并不是"练体育"，而是学习之余的放松娱乐，并且内容上形式化、低易化情形逐渐出现。高等教育方面，迄今为止我国关于非专业体育院系的高校体育理论建设还比较缺乏。自第一次院系调整之后，普通高校的体育理论一直依附、包含于"以中小学体育实践为基础的"学校体育理论之内。

最后，尽管从我国体育的指导思想及政策文件中的任务目标来看，从 20 世纪末开始中国体育工作重心便应该从"优先发展竞技体育"向"普及与提高相结合"的"全民健身""终身体育"等方向调整、转变。但是，由于国家体委的核心任务仍然在于全力备战北京奥运，并没有给出新的工作条例或者标准之类的细则性指导文件。在各省分级负责的管理体制下，地方各级体育管理部门缺乏相关的理论指引和执行参照，因此在具体的工作过程中还是延续了"普及与提高相结合，重点抓提高"的路子。

3. 北京奥运会成为我国体育的转折点

2008 年北京奥运会在我国体育史上具有重要的里程碑意义，标志着我国真正从体育大国向体育强国转变。北京奥运会的成功举办，也引发了社会广泛的反思和讨论。"中国人对于金牌的渴望已经度过了焦渴的时期。人们需要更好的健康权利，不再把金牌作为相对单一的标准。"如今，人们欣赏、参与体育赛事已成为生活的一部分，不再执着于奥运金牌对于实现国家强大的作用。国家体育工作的重心在北京奥运会之后也开始真正转移到全民健康、终身体育上来。

4. 数字融合成为体育教学的发展趋势

传统教育的传播方式受到信息技术的影响和改变，这也给教育教学带来了前所未有的机遇与挑战。2012 年 3 月教育部颁布了《教育信息化十年发展规划（2011—2020 年）》，提出到 2020 年形成与国家教育现代化发展目标相适应的教育信息化体系。随着数字媒介的快速发展，数字化已深入高校体育教学中，这无疑成了助推体育教育信息化体系建设的利器。数字化技术在体育教学中的应用对于提高教学效果、促进学生参与和提高学生的学习体验有着积极的影响。在数字媒介融合视域下，高校体育教学需要不断变革和创新，以适应数字化时代的需要，从而实现数字化转型。

高校体育课程运用线上线下混合式教学模式，教学方法和形式能够及时更新变换。教学的时间、空间、场地也能够灵活机动、随机应变，并能在线下的实践教学中及时纠错、反馈和整改。在课程实操、实训等实践教学的基础上，运用"教学做"相结合的教学方式，实现课堂教学以学生为主体，组织针对性的情景式演练以及虚拟仿真式的教学体验。按照课程标准中的任务要求，将不同任务模块中的主要知识点和典型工作项目做成微课，加上其他优质导学资源，如课件、视频等放置于教师构建的线上教学平台上，采取翻转课堂教学模式，使学生课前预习，课堂上以学生运动项目实施操作为主，辅以讨论交流互评，最后由教师点评和总结知识点。课后作业采用网络测试的方法，随机挑选试题定时完成，并设定网络学习小组，让小组间成员互相帮助，以多种方法并行来调动学生学习兴趣和积极性，从而提升教学效果和教学质量。媒介技术还可以为体育教学提供更加便捷和高效的教学管理和评估方式。通过建立线上课堂反馈论坛和沟通平台，师生网络互动氛围活跃，教学效果和课程教学质量得到大幅提升。通过搭建课程信息交流平台，教师、行业专家学者、学生、教学督导及校外人员参与评价，共同完善课程教学质量评价与反馈机制。通过课程网络平台发布同步教学资讯，确保课程建设计划与国家政策导向和学科专业发展等前沿动态紧密结合并与时俱进。

第二节　高校体育教学的目标与价值

一、高校体育教学的目标

（一）体育教学目标相关概念

应该说，在体育教学理论和实践中大量地使用体育教学目标相关概念只是近些年来才出现的，以前经常使用的是"体育教学目的"和"体育教学任务"，如在中华人民共和国成立后历次的体育教学大纲中，使用的都是"一个目的和三项任务"。因此，在确定体育教学目标的概念之前，我们应先来分析"体育教学目标"和"体育教学目的""体育教学任务"之间的区别与联系。

1.体育教学目标、体育教学目的、体育教学任务的含义

所谓目标，是指努力的方向和预期的成果，是"要在各个阶段达成什么和最后达到什么"的意思。由此而论，体育教学的目标是人们为达到体育教学的某个目的在行动过程中设立的各个阶段预期成果及最后的预期成果。

体育教学的目的就是人们设立体育学科和实施体育教学的行为意图与初衷。体育教学目的也是贯穿整个体育教学的指导思想，是对体育教学提出的概括性的和总体性的要求，它指引着体育教学的发展方向。

所谓任务,是指受委派担负的工作或责任,即上位的人或事对下位的人或事提出的要求及布置的工作,是"要做什么"的意思。由此而论,体育教学任务是为了达到体育教学目的、实现体育教学目标所应该做和必须做的工作。

2. 体育教学目标、体育教学目的、体育教学任务之间的关系

体育教学目标、体育教学目的、体育教学任务之间的关系如下:①各个阶段的体育教学目标的总和就是最终的体育教学目标;②最终的体育教学目标是实现了体育教学目的的标志;③体育教学任务是为实现体育教学目的和体育教学目标所应该做的实际工作和具体担负的责任。

举一个生活中的例子加以说明:某人请朋友吃饭。其目的是增进感情;其总目标是使朋友高兴,分目标则有接送好、吃得好、氛围好、谈得好等;其任务则是安排好车、布置好饭菜、营造好餐厅的氛围、设计好有趣话题及安排好适合的陪客等。

举一个体育教学中的例子加以说明:如果篮球教学的目的是让学生掌握篮球技能从而增强终身体育的能力,那么篮球教学的总目标就是让学生学会主要的篮球技术和有关知识,篮球教学的分目标则是让学生掌握篮球的最基本的技术,学会运用战术,学习有关规则,学会欣赏篮球比赛等;而各节篮球课的教学任务就是让学生一步一步地学好基本的篮球技术,逐渐地掌握基本的篮球战术和运用战术的方法,逐步地学习篮球的规则,学会理性地观赏篮球竞赛。

可以看出,体育教学目标是一个上承体育教学目的、下启体育教学任务的中间环节,是体育教学既具有定向、定位功能,又具有定标、定量功能的重要方向性因素。体育教学目标是教师为做好体育教学工作必须认真研究的教学因素,也是近年来体育教学目标在体育教学改革中备受关注的重要原因之一。

(二)高校体育教学目标的外部特征

高校体育教学目标的外部特征是:属于体育教学目标内容以外的,但对体育教学目标内容具有规定性的那些特点及其标志。高校体育教学目标的外部特征主要有目标的层次、目标的功能与特性、目标的着眼点。

1. 体育教学目标的层次

首先,体育教学目标是由多个层次的目标组成的,其中有体育教学总目标、学段体育教学目标、学年体育教学目标、学期体育教学目标、单元体育教学目标、课时体育教学目标,甚至还有下位的技术点或知识点教学目标(图1-2-1)。

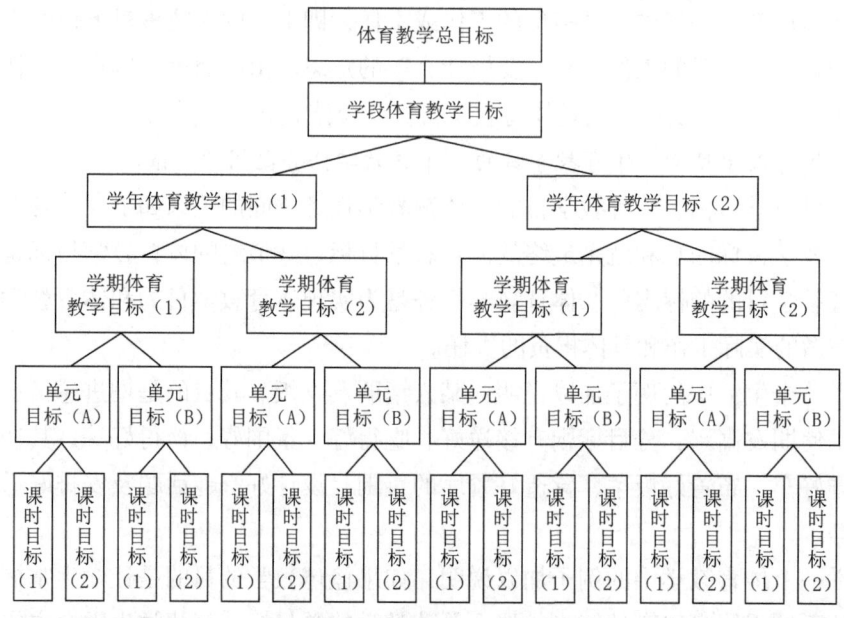

图 1-2-1　体育教学目标的层次

2. 体育教学目标的功能与特性

所谓体育教学目标的功能与特性,是指各个层次的体育教学目标都有其独特的"功能"和"特性",就是"为什么要有这层目标""这层目标是干什么的"等层次目标的必要性和不可替代性。如果不明确各层目标的功能与特性,这层目标就会与其他层目标混淆,那么该如何考虑、如何制定、如何表述这个目标也就不清楚了。我们也可以把"目标的功能与特性"理解为"目标的定位"或"目标的个性"。过去有些体育教师把"培养集体主义精神"的目标写进课时目标,就是因为不了解课时体育教学目标具有不宜写进如此大的目标的"功能与特性"所致。

3. 体育教学目标的着眼点

各层体育教学目标有各自要解决的问题,因此各层的目标都有其独特的"着眼点",就是"围绕着什么来看目标"和"围绕着什么来写目标"。例如,学段体育教学目标就是围绕着"本学段学生的身心发展特点";单元体育教学目标就是围绕着"运动技能学习",两者是不能互换和颠倒的。由于学段体育教学目标面临许多的运动教材,因此不可能围绕某一个运动技能来写,它面临的最清晰的对象是"在这个发展阶段学生需要什么,能发展什么";同理,单元体育教学目标是学段目标的下位目标,它也不可能围绕学段的发展来写目标,而它面临的最清晰的对象是"在这个单元中,利用这个运动教材应该发展学生什么,能发展学生什么"。因此，体育教学目标的"着眼点"也是形象地辨别体育教学目标功能的"观察点"。

（三）高校体育教学目标的内部要素

高校体育教学目标有其内部要素。例如，在体育教学目标中写了"学习单手投篮"，而这是一个不合格和不完整的体育教学目标，因为这个目标是不具体的，也无法用它来检验目标是否实现。如果制定"学习单手投篮"这个目标，我们只能根据它来判断学生"是否学习了单手投篮"和教师"是否教了单手投篮"，换句话说，只要教师教了、学生学了单手投篮，这个目标就算是达成了，但学了几次？学生学会了没有？都不在这个目标之中，因此这样的目标是"管教不管会"的，也是不完整的，不能有效指导体育教学实践。

那么，什么是体育教学目标的内部要素呢？美国一位著名的体育教学论专家登拓朴认为，具有指导性的体育教学目标应该包括"达成什么样的课题""在什么条件下达成课题""用什么标准来评价"三个内容，这就是体育教学目标的内部要素。

1. 条件（在什么条件下达成课题）

条件是决定目标难度的因素。在规定目标难度和学习进度时，可以利用目标中的条件因素来进行变化，如同样是排球的垫球，可以根据条件的变化来改变教学目标的达成难度。例如：

条件 A. 自己抛球后，将球垫起。

条件 B. 接垫同伴在 3 米外柔和的抛球。

条件 C. 接垫同伴隔网抛来的球。

条件 D. 接垫同伴隔网发过来的球。

2. 标准（用什么标准来评价）

标准也是改变目标难度的一个因素，同样是"接垫同伴隔网发过来的球"，就可以通过改变标准来调整目标的难度。例如：

标准 A. 垫出的球要达到 2 米的高度，并落到本方场地中。

标准 B. 垫出的球要达到 3 米的高度，并落到本方场地的前半场。

标准 C. 垫出的球要达到 4.5 米的高度，并落到本方场地的前左方规定的范围内。

3. 课题（达成什么样的课题）

课题可以通过改变动作形式（运动课题）来改变目标的难度。例如，体操中的平衡运动的课题。

课题 A. 手放在什么位置都可以，做 10 秒的单脚站立。

课题 B. 手在体前相握，抱膝盖，做 10 秒的单脚站立。

课题 C. 闭眼做 10 秒的单脚站立。

课题 D. 闭眼，并手在体前相握，做 10 秒的单脚站立。

知识和原理理解方面的目标也是如此。例如：

例 1. 用图形标出篮球 1-2-2 联防的图形。

例 2. 能按照指导正确地做出篮球 1-2-2 联防的站位。

例 3. 能在几种联防的图形中找出篮球 1-2-2 联防的图形。

第一个目标是根据记忆而进行的判断；第二个目标是脱离理论概念后能够在实际中形成篮球 1-2-2 联防的概念；第三个目标是能够区别 1-2-2 联防与其他联防的区别。目标就是这样层层递进的。

（四）高校体育教学中的目标设置

1. 体育运动中的目标设置

（1）目标分类

运动心理学著作对目标的基本种类进行了区别，分别是成绩目标、表现目标和过程目标。成绩目标把重点放在比赛的最终成绩上，通常会包含某种形式的人与人的比较；表现目标具体说明运动员相对独立于其他参赛者和运动队而获得的比赛的最终成绩；过程目标则把重点放在比赛中呈现出来的具体行为上。

（2）目标机制

目标通过以下四种机制影响行为绩效：第一，目标引导注意和努力，指向目标行为而脱离非目标行为；第二，目标决定付出多少的努力，高目标比低目标要付出更多的努力；第三，目标影响行为的持久性；第四，目标会通过唤醒、发现目标任务知识和策略的使用来间接地影响行为。

（3）目标设置原则

一些学者在总结了相关研究的基础上，提出了目标设置的原则应包括以下几点：①目标应具体、明确，可测量、易观察；②清楚地规定时间限制；③制定中等难度的目标；④写下目标，并定期检查进展情况；⑤运用过程目标、表现目标和成绩目标的组合体；⑥利用短期目标来实现长期目标；⑦既要有训练目标，也要有竞技目标；⑧保证目标被运动员内化和接受；⑨考虑人格因素和个体差异。此外，在设置目标时，还要注意将个体目标与集体目标相结合，让教练员与运动员共同制定目标。

(4) 好的目标的重要特点

运动心理学家将好的目标的重要特点表示为：好的目标应该是具体的、可测量的、具有任务指向的、现实的、适时的。

2. 体育教学目标设置的不同阶段

(1) 体育教学目标设置的准备阶段

如果教师未做需要评估就直接与学生一起完成目标，这一行为是很不明智的。在需要评估中，教师应将整个班级作为一个整体来考察，还要根据教学整体目标来考察每一名学生，从而发现那些需要改进的地方。通过对全班整体需要的分析，教师应找出班级整体具体的目标，并以能够观察到的形式，指出是否能够实现目标及什么时候实现目标。

(2) 体育教学目标设置的实现阶段

如果准备阶段得以精心考虑和有效实施，那么就可以顺利进入实现阶段。实现阶段最直接的组成部分就是最初的接触。在这个阶段，教师应与学生仔细地考虑和讨论目标，向学生指出成绩目标、表现目标及过程目标的区别。

(3) 体育教学目标设置的评价阶段

目标设置的评价阶段不应该只出现在学期末，还要贯穿整个学期。没有连续的监督、反馈及评价，目标设置过程将无法达到预期的效果。

二、高校体育教学的价值

(一) 高校体育教学的基本价值内涵

高校体育教学的基本价值是通过知识形态的转化、教学功能的实现和素质的构成来体现的。

1. 从知识形态的转化看高校体育教学的基本价值

"教学最明显的价值是它的知识价值。通过教学活动，学生获得了他人总结的知识，这是古今中外一切教学活动的共同特征，也是实现其他教学价值的基础。"[①] 知识的内涵包括两个方面：一是对特定对象的客观反映，如科学的概念、原理等；二是创造者内化凝结在其中的能力、品格和方法的综合体。这些都需要高校教师根据学生的实际去挖掘、剖析，使之进一步升华。

---

① 闫守轩、杨运:《新时代教学变革的价值确认、现实藩篱与实现路径》,《中国教育学刊》2020年第10期，第77—81页。

2. 从教学功能的实现看高校体育教学的基本价值

高校体育教学的功能主要体现在两个方面：一是传递前人在体育方面的知识、经验，使学生继承人类的文明成果，因而具有继承的功能；二是有效地促进学生身心的发展，因而具有发展功能。在教学理论中，"发展"是一个含义非常广泛的概念。赞科夫认为："所谓一般发展，就是不仅发展学生的智力，还发展学生的情感、意志品质、性格和集体主义思想。"[①] 高校体育教学内容体系本身就具有丰富的知识内涵，体育教学也蕴含着科学的方法论，这个教学体系还包含情感意志和能力的培养、用能力推动学生的全面发展、用情感和意志构建良好的品格结构、用科学的方法取得理想的教学效果的过程。因此，从教学功能的实现看，高校体育教学的基本价值在于使学生获得知识、发展能力、形成良好的品格结构和掌握科学有效的方法。

3. 从素质的构成看高校体育教学的基本价值

构建学生相对完备的素质结构是教学活动最根本的价值。有人把未来社会对人的基本素质通俗地概括为会做人、会求知、会生存、会创造和会健体，也有人把人才素质归结为德、识、才、学、体五个方面。其实，上述几个方面都不是孤立存在的，它们之间存在着互相渗透、互相包容的关系，有些甚至互为条件，它们组成的基本因素归根结底可以概括为知识、能力、品格和方法几个方面。素质的构建是各科教学的共同目标，但不同的科目有不同的侧重点，这些侧重点反映了学科的本质特征。体育教学作为一个发展身体、增强体质，以及传授锻炼身体的知识、技能、技术，培养道德和意志品质的教育过程，它在学生素质构建中除了具有其他教学活动共有的功能外，还具有为学生科学地锻炼身体提供理论和方法的指导，使其具有增强体质、提高健康水平的功能，这是其他学科所不能替代的。在情感意志的发展、良好品格的形成等方面，也由于其开放的、活动性的教学环境、灵活的教学组织形式和可调节的运动负荷等有利条件而具有独特的优势。因此，体育教学是培养学生综合素质的重要手段。

（二）体育价值观

1. 体育价值观的基本认知

体育价值观表现在对体育总体价值的认识上。自古以来，人们对体育的总体价值呈现出多种不同的态度，我国汉代就曾主张文武分治、文武分途。但随着社会的发展，更多的人开始推崇体育，并不断地发现和扩展它的功能。近现代，人

---

① 张蕾：《论赞科夫的发展性教学》，《辽宁行政学院学报》2014年第11期，第123—126页。

们对体育价值的认识已逐渐趋于一致。毛泽东同志也非常重视体育的价值,积极主张人们参与体育活动,他在《体育之研究》一文中指出身体是"载知识之车而寓道德之舍也"。

体育的发展过程是对体育价值的认识逐步深化的过程。体育作为一种社会现象,是随着人类社会的产生而产生的,也是随着人类社会的发展而发展的。它的发展历程与体育功能的扩展和人们对体育价值的认识的逐步深化是紧密联系在一起的。

(1)体育的产生与体育的价值密切相关

从心理学的角度来看,人的所有行为的产生都有其心理依据,而需要是诱发动机和产生行为的动因。还有人把需要看作是人类的"激活剂",认为人类的生活和大量的活动都是受到"需要"的激励。在古代,人类最开始的需要如果按照马斯洛需要层次论划分的话,都是低层次的需要,即生存和安全的需要。为了生存,人们必须不断地获取食物,从事生产和打猎活动;为了安全,人们必须与野兽和敌人搏斗;为了躲避袭击,有时需要快跑和攀登爬越。在这些活动的过程中,奔跑、投掷、攻防、攀登等基本的体育技能开始萌芽,而这些技能的掌握程度与觅食能力、安全程度有着直接的关系。因此,人们为了改善生存和生活条件,就必须传授和提高这些技能,这时,体育的价值就开始显现出来。由此可见,体育的产生与体育的价值是密切相关的。

(2)社会化程度的提高扩展了体育的价值

随着历史的进步和社会化程度的提高,人们的需要逐渐从低层次向中等层次发展。在满足了基本的生存和安全需要后,人们又产生了学习需要、娱乐需要和医疗保健需要。在满足这些需要的过程中,体育始终扮演着非常重要的角色,这体现了它独特的价值。

在古代社会,祭礼活动多与体育和舞蹈有关。在我国几千年的历史中,虽然体育的发展也经历了一些挫折,但它总是以其独特的魅力而保持着持续发展的势头。除了战争的需要应结合军事训练开展体育活动外,选兵时也讲究"有勇气""能逾高绝远"。在风调雨顺、国泰民安之时,民间也常开展丰富多彩的娱乐活动。这些活动中的许多项目都与体育有关,如摔跤、柔术、蹴鞠、骑射等已发展成为今天的竞技运动项目,还有一些如舞狮、踩高跷等活动在民间一直流传至今。人们为了强身健体,还创编了消肿舞、导引术等。在汉代末年,名医华佗还根据人体经络和血脉流通的机理,模仿虎、鹿、熊、猿、鸟的动作,创编了五禽戏,把医学和体育有机地结合起来,充分体现了体育保健和健身祛病的价值,进一步扩展了体育的价值。

(3) 社会文明程度的提高使体育的价值得到了更充分的体现

当人类进入现代社会后，随着社会文明程度的提高，体力劳动强度降低，脑力劳动强度提高，精神压力和心理负荷加大，出现了许多"文明病"。为了适应激烈的社会竞争，提高生活质量，人们需要保持良好的体能，松弛绷紧的神经，宣泄不良的情绪，防治"文明病"，所有这一切都可以通过体育得到解决。这些问题的解决过程也就是体育价值的实现过程。

2. 体育价值观的特征

体育价值观具备一般价值观的基本特征，同时又有着自己特殊的特征形态。体育价值观的特征具有主观选择性和导向性、相对稳定性和历史流变性、中西方体育价值观特征的个性和共性及逻辑系统性。

（1）主观选择性和导向性

价值主体的人与价值客体的体育组成体育价值观的基本要素。在主体层面，体育价值观的形成是以主体的体育需求为基点的，微观个体的体育感知和体育能力的差异致使人们的体育价值观带有显著的个体意识。主体需求的差异与客体价值的多维为体育价值观的确立提供了多种选择途径，这种自由选择较为真实地反映了每个人对体育的真实需要。此外，体育价值观一旦形成，就会对主体参与体育活动的目的及选择何种体育价值取向产生一定的引领作用，具有明确的导向性，是人们践行体育活动的内部指南针。如今，日新月异的体育文化影响着人们体育行为的选取，体育价值观更凸显了其导向的功能。它告诉人们应当遵循怎样的价值取向、抵制怎样的价值取向。

（2）相对稳定性和历史流变性

场域、习惯和实践三个要素构成了布尔迪厄实践社会学研究的理论框架，其核心问题在于从"场域—习惯"的关系来分析人们进行某种实践或采取某种行动的原因，而价值观恰恰是体育实践长期社会化和内化的结果表现。这说明体育价值观一旦形成，就具有相对稳定性，它始终在某种体育活动场域中控制和引导着人们的行为习惯。然而，在实现体育价值观的过程中并不一定会表现为一贯的稳定形态，它还常常表现为某种非稳定形态，这种非稳定形态的冲突具体表现在内、外部两个层面。从内部冲突看，体育价值取向的选择疑难、判断无据、目标不明，这些价值观的冲突是体育价值演进过程中不和谐、不稳定状态的集中体现；从外部冲突看，随着社会历史条件和周围环境的改变，人们的体育价值观也会发生相应的改变，表现为微观个体的旧的体育价值观瓦解及新的体育价值观的重构。

体育价值观属于意识形态领域的概念，社会存在决定社会意识，体育价值观的形成实际上是历史演变的时代缩影。随着社会生产力的发展及体育文化的变迁，人们对体育的认识和实践能力在逐渐变化，作为价值主体的人，其体育需要层次也在不断提升；作为价值客体的体育，其功能属性也由单一的健身观向多元功能演变。体育价值观的社会历史性是由其领域体系的宏观层面所决定的，手段论价值观与目的论价值观在历史流变中不断演进。

（3）中西方体育价值观特征的个性与共性

体育价值观是体育文化精神层面的核心内容，不同的体育价值观会塑造风格迥异的体育文化，不同的体育文化又深刻影响着体育价值观的塑造。当前，以中西方体育文化对比为基础阐述中西方体育价值观的差异，进而研究中国传统体育发展的问题，是学术界运用最多的理论和方法。比如，向家俊认为，由于中西方文化背景上的差异，体育文化作用于人的价值观念会有不同的强调和侧重，而中西方不同的体育价值观取向不同，因此对体育活动方式与手段的认识和理解不同[①]；陈长礼、高鸿浑从物质、精神与制度三个层面揭示了中西方体育由于文化基础不同，在表现形态上、发展过程中都呈现出了相应的差异，这些差异影响着中国体育的发展，因此在传承我国传统体育价值观的同时，要汲取西方合理的体育价值观，以促进中国体育的全面协调发展[②]。

综上所述，体育文化的异同受不同历史阶段、社会文化环境、地缘差异影响，它是动态发展的。体育价值观深受体育文化的影响，在理念认知、思维方式上存在差异，中西方的体育价值观特征个性与共性并存。

（4）逻辑系统性

系统论认为，研究对象是一个内外部有机联系的整体，强调其复杂性及结构性等基本特征。体育价值观不是一个单独的、孤立的意识形态，而是一个复杂的、多元化的价值体系。体育价值观的形成受到内外部环境的影响，在主、客体因素的相互作用下，形成了体育价值观的复杂结构。有学者指出，体育价值观体系是由核心层和外围层组成的，核心价值观包括角色、价值取向和使命三个基本元素，体现着价值体系的基本价值倾向，是体育价值观体系的核心，它引领并影响着外围层价值观。体育价值观的外围体系在宏观层面上分为手段论价值观和目的论价值观。无论是手段论还是目的论，体育价值观的外围层都是客观存在的，外围层和核心层相互影响和相互渗透，从而构建了一个和谐共融的体育价值观体系。

---

① 向家俊：《中西文化差异与体育价值观》，《体育文化导刊》2002年第2期，第32—33页。

② 陈长礼、高鸿辉：《中西方体育价值观的比较研究对中国体育发展的启示》，《体育与科学》2007年第1期，第65—68页。

第三节　高校体育教学内容的优化

一、高校体育教学内容的基本理论

（一）体育教学内容的特点

体育教学内容有着较为显著的特点，具体来说，主要表现在以下 6 个方面。

1. 健身性

体育的一个重要功能是增强体能、增进健康。体育教学内容学习的实质是学生体育知识、身体练习和技能的学习。体育教学的主要目的是通过对身体练习的运动负荷量及其强度进行合理的安排，通过一定的手段加以调控，从而使学生的体质得到增强，身体变得更加健康。体育教学内容对于增强学生的体质、增进身心健康的作用是其他所有教学内容所不具备的。

2. 娱乐性

随着社会发展，体育项目越来越多，而这些项目大都起源于各种游戏，然后经过长期的演变和发展而来。在体育教学中，各项教学内容也是如此，大都来自体育运动项目，由此可以认定这类体育教学内容必定带有一定的娱乐性。在体育教学过程中，这种娱乐性主要体现在克服困难、协同作战争夺胜利、表现欲望等心理过程中，体现在学生对新的运动项目的体验上和对学习进步的成就感上，体现在运动的环境、场地、比赛规则、比赛形式等变化和加工方面。当学生学习某项运动项目时，本身就会对这种运动本身的娱乐性存在追求动机，因此体育教学内容本身就具有一定的娱乐性特征。

3. 运动实践性

体育教学内容的实质是身体运动的一种实践，这是区别于其他教学内容的地方。体育教学内容可以说"是以有关身体运动的学习和身体运动的技能形成为主要培养目标的内容；是以运动为媒介，以大肌肉群的活动状态进行教育的内容"[1]。体育教学内容的学习并不单单是学生大脑思维的活动，学生不但要对内容进行理解，而且要在实际学习中进行运动学习及身体练习。学生在体育学习过程中，要通过运动中的肌肉本体感觉的形成与动作的记忆，来判断自己是否真正掌握了教学内容，因此在体育教学内容中，学生的学习要将思维和行为联系起来。所以，

---

[1] 施小花：《当代高校体育教育理论与发展探究》，吉林人民出版社2021年版，第95页。

体育教学内容的学习尤为强调练和做等实践行为，因而呈现出运动实践性的特征。

4. 教育性

对学生进行教育的载体源自体育教学内容，所以在选择体育教学内容时，首先想到的就是它的教育性。一般来说，体育教学内容的教育性主要体现在以下五个方面。

一是对于大多数学生是较为适用的。

二是有益于学生的身心发展。

三是既有冒险性，又比较安全。

四是摒弃落后性，发展创新性。

五是避免过于功利性。

5. 非逻辑性

相较于其他学科的教学内容来说，体育教学内容的不同之处主要体现在体育教学内容往往不存在一般学科教学内容之间清晰的由易到难、由简到繁的阶梯性结构，在逻辑结构上，没有明显的从基础到高级的体系，体育教学内容的排列并不是直线递进式的，而是复合螺旋式的。体育教学内容的组成是众多相互平行的、可以替代的运动项目及身体练习，其中有着丰富的与体育与健康相关的理论知识。这种特性使得体育教学内容的选择灵活性更强。

6. 人际交往的开放性

虽然体育教学内容较多，但大多数内容的主要形式是集体性教学活动，这种集体性教学活动与其他教学活动不同，往往需要进行时空的变换。因此，在体育教学中，学生之间有着非常频繁的交往和交流，与其他学科的教学内容相比，体育教学内容在人际交往方面无疑具有更明显的开放性。体育教学内容正是由于人际交流的开放性，教师与学生之间、学生与学生之间的关系才能够更加密切且开放。在这种情况下，通过学习体育教学内容能够有效地提高学生的社会适应能力。

（二）体育教学内容的分类

体育运动项目很多，其内容也很丰富，因此在对这些内容进行分类时，采用何种逻辑分类就成为一个重要的课题。对体育教学内容进行合理分类能够使教师和学生更加深刻地认识体育教学内容，从而更好地参与到体育学习之中。目前，体育教学内容的分类方法大致包含以下6大类。

1. 以体育教学目标为依据进行划分

依据体育教学目标进行分类，可以分为掌握体育运动技能的练习、掌握科学锻炼方法的练习、提高安全意识与能力的练习、发展体能的练习、发展学生心理素质的练习、提高学生社会交往能力的练习、提高基本活动能力的练习等。这种分类方法是体育教学中一种比较常见的教学内容分类方法。

这种分类方法能够使教学内容具有一定的目的性，对于打破陈旧的、以竞赛为目的的教学内容编排体系也非常有利，从而保证学生学到比较多的体育教学内容。

2. 以体育的功能为依据进行划分

此分类方法是根据我国体育课程相关文件，以三维健康观体育的本质特征、体育与健康课程等领域的目标为依据，对体育课程的内容体系进行了重新构建，体育教学内容被划分为包括运动参与、运动技能、身体健康、心理健康及社会适应五个方面。

3. 以人体基本活动能力为依据进行划分

依据活动能力进行分类，也就是按照人的走、跑跳、攀登、负重等进行分类，进而重新分类组合各种各样的运动项目和身体练习方法。这是体育教学实践中比较常见的一种分类方法。这种分类方法比较灵活，不会受到正规的体育运动项目的限制。这种方法在组合教学内容的基础上对学生的各种身体动作和基本活动能力进行发展，所以这种分类方法对低年级的学生比较适合。

4. 以身体素质为依据进行划分

发展学生身体素质是体育教学的目标之一。依据身体素质进行分类，是一种按照力量、速度、柔韧、灵敏、耐力，或者是按照与动作技能相关的体能、力量、速度、灵敏、平衡、协调、反应时间，抑或是按照与健康相关的身体成分、肌肉力量、心肺耐力、肌肉耐力、柔韧性等进行分类，进而对各种各样的运动项目和身体练习进行重新分类组合。

这种分类方法具有较强的针对性，对于学生正确认识各种体育运动项目及发展体能相当有利，同时还能够有目的、有针对性地发展学生的体能。但此分类方法也有一定的弊端，那就是在体育运动项目当中，许多项目并不是以提高某一方面的身体素质为前提，因此对待这类项目时这种分类方法显得比较模糊，而且这种分类方法容易使学生对体育教学内容的文化特性的认识陷入误区，造成学生对体育运动文化的认识不足。

5. 以运动项目为依据进行划分

此分类方法是按照各个运动项目的名称和内容而具体进行的系统分类，大致可以分为球类、体操、田径、武术、体育舞蹈、冰雪运动、水上运动等，这主要是对各式各样的运动项目及其特点加以详细划分。这种分类方法是体育教学中最常见的教学内容分类方法。

这种分类方法虽然对学生了解和掌握体育运动文化具有非常大的帮助，但其容易忽视未被列入正规体育比赛项目当中的一些运动项目，这与学校体育教育目标并不相符，所以如果将其纳入体育教育内容当中必须进行一定程度的改造，但经过改造后，这类教学内容往往会与原本的运动项目产生较大的差异，在内容上更加难以判别，会对学生理解和掌握运动项目造成非常大的影响。

6. 综合交叉分类

综合交叉分类是一种将基本部分与选用部分、理论与实践教学内容、各项运动的基本教学内容与提高身体素质练习教学内容等相互交叉的综合分类方法。

这种分类方法能够准确地反映不同学生在不同年龄阶段的身心发展特点和对学生学习的基本要求，对达成体育教学目标有非常突出的作用，在保持运动项目的共有特点和系统性的同时，能够增强学生进行身体锻炼的实效性，从而在运用体育教学内容的过程中使运动项目的技术和学生身体素质的练习同时发展，相互配合。但需要注意的是，这种分类方法无法用同一标准进行衡量，在某种程度上会造成一定的混乱。

（三）体育教学内容的选择

1. 体育教学内容选择的依据

（1）体育课程目标

体育课程目标是体育教学活动的导向，体育教师可以根据体育课程目标寻找或筛选合适的教学内容。体育课程目标为体育教学内容提供了先导和方向，所以体育课程目标的设立必须经过专家的多方考证，以确保其科学性和可行性。体育科学化目标具有多元化特征，体育教学内容丰富多样，许多运动项目从某种程度上来说具有一定的共性，因此要对体育教学内容的主要特征进行分析，从中选出最具有代表性和最能体现体育教学目标的教学内容。

（2）客观教学规律

第一，选择体育教学内容要注意体育教学的一般规律。在各个教学阶段都要选择与学生的年龄、身心发展规律、技能习得规律及他们的认知发展规律相匹配的体育教学内容。第二，良好的体育教学效果离不开学生的主动参与和积极的配合。对于大学生而言，对于自己感兴趣的、喜欢的内容，他们的学习热情会大大增加，同时学习效率也会倍增。因此，体育教师要充分利用这一点，在体育教学中加强师生互动，添加一些趣味性的元素，同时还要注意采用多样化的方式进行教学。

（3）学生发展需要

体育教育教学的对象是学生，高校体育教育的意义在于学生的身体素质和认知能力都能够获得相应的发展。体育教学内容要考虑学生的喜好和他们的适应性，将学生的切实需求与趣味性结合起来，设置学生乐于接受的体育教学内容体系，促使学生获得全方位的提升。

（4）社会发展需要

学生的个体发展不能脱离社会发展的实际状况而独立存在，因此在选择体育教学内容时，不仅要考虑学生的健康需求，也要考虑社会发展的客观需求。社会是实现个人价值的归属地，体育教学内容必须有鲜明的时代性，要能够清楚地洞悉社会对人才的要求，并由此设立与之相适应的体育教学内容，以此提高学生的社会适应性。

2.体育教学内容选择的原则

（1）教育性原则

①从教育育人的基本观点出发，对体育教学内容进行合理性选择。

②将"健康第一"的思想落实到体育课程目标的设定和体育教学内容的选择上。

③关注体育教学内容能否体现积极向上的、优秀的文化内涵，在提升学生体育运动技能的同时，提升学生的文化修养。

④考虑体育教学内容产生的效益是否具有均衡性和全面性。这里主要是指体育教育要促进学生的智力水平、思想品德、身体素质等方面的全面发展，同时还要注意不同年龄和不同学段的学生的身心发展特征及学生之间的差异性特征，这些因素都是在体育教学选择中需要关注的问题。

⑤体育教学内容的选择还要与社会发展和普遍性的价值观相一致，这有利于促进学生的社会性和时代性的发展。

（2）科学性原则

科学性对体育教学内容的选择发挥着举足轻重的作用，其能够对体育教学质量的好坏与学生发展的快慢产生不可估量的影响。

①体育教学内容必须对促进学生的身心发展具有积极的作用。如果一项体育教学内容对于学生的思想产生消极的影响，那么即使它具有较高的健身价值，也不能被选入体育教学内容中。

②促进学生提升科学锻炼的意识，并对科学锻炼的原理和方法形成一定的认识，有了健身意识和科学锻炼的理论指导，学生就会自觉参与体育锻炼活动。

③注意选择设计科学的体育教学内容。

④体育教学内容应当与高校的师资和硬件设施等客观条件相结合。

（3）趣味性原则

兴趣是提高学习效率的最好方法之一，可以说兴趣是决定学生体育学习效果的一个主导性因素，因此体育教学应当突出其趣味性。

①有的体育教学内容过于强调竞技水平，应予以摒弃或对其进行改良。不可否认，多数竞技项目具有较高的健身价值和教育价值，但是如果一味地用培养专业运动员的方法来进行日常的体育教学，会使学生对体育课产生抵触的情绪。

②引导学生在体育运动的多样化、方向性上感兴趣，为学生的多元化发展准备必要的条件。

③充分考虑学生的喜好，尽量选择有一定趣味性的教学内容，同时还要积极选用游戏、竞赛、角色互换等多样化的课堂内容来进行教学。

（4）实效性原则

实效性是指教学内容的选择要简单易行，能够带来较大的实际教学效果，同时又能够促进学生的身心健康发展。符合这些条件和要求的体育教学内容都是比较好的选择。

①实效性。教学要讲究实际的教学效果，杜绝照本宣科的本本主义。在体育教学改革的进程中，偏难、陈旧的教学内容已被提出，国家相关文件要求一改过去教学过于依赖教材的现象，而重视体育教学实践，着重提升体育教学的实际效果。

②体育教学的娱乐性与实效性。体育运动项目种类繁多、五花八门。体育教师在进行甄选时要注意时下流行什么、哪些项目是受青年学生喜爱的、是否具有较高的健身价值和教育意义，只有注意这些问题，才能将体育教学与学生的生活联系起来，有效促使学生形成正确的、积极健康的体育观。

（5）适应性原则

适应性原则的根本要点是体育教学内容的选择要因地制宜。这主要是由于不同地区的地理环境、气候条件、文化习俗、经济发展水平存在一定差异，其对体育教学的目标和内容的诉求也就不同，因此需要区别对待，以实现体育教学效果的最优化。

（6）民族性与世界性相结合的原则

体育教学内容要体现出民族性特征，也要与世界体育发展理念和发展趋势完美对接，这样才能把我国建设成为名副其实的体育强国。我们要以客观的眼光看待任何事物，既不能对民族性的东西盲目自信，也不能对舶来品盲目崇拜，当今体育教学的宗旨是既要跟上世界发展的潮流又要体现民族的特色。这就需要我国在弘扬和传承中华优秀传统体育文化的同时，要选择性地吸收和借鉴国外体育教育课程中的精华部分，从而形成具有时代性、先进性和中华民族特色的体育教学内容。

3. 体育教学内容选择的过程

（1）评估体育素材的价值

体育教师平时要多关注社会生活和社会的发展和变化，以便根据社会生产和科技、教育等方面的发展对人产生的影响以及人们在体育健身方面的需求的变化来选择体育教学内容。然后以此为基础对已有的体育素材进行具体分析。需要注意的是，选择合适的体育教学内容需要进行科学论证，要看其是否能够促进学生的身心健康发展、是否能激励学生自主进行体育锻炼、是否能够提升学生的思想意识水平，然后依据所选的内容展开体育教学活动。

（2）整合运动项目与练习

体育运动项目种类繁多，运动的形式也各式各样，因此它们对人体产生的作用也是有差异的。基于以上事实，在实际的体育教学中，在选择体育教学内容时，必须在明确高校体育教学目标的基础上分析各个体育运动项目对学生身体机能和体能素质的促进作用，然后对不同侧重点和功能的体育运动项目进行整合、筛选、加工，最后形成能够全面增强学生身体素质的体育教学内容。

（3）选择体育运动项目

事实上，大部分体育运动项目都适合作为高校体育教学素材。关键问题就在于怎样对这些体育教学素材进行选择和组合，以在有限的时间和空间内发挥出体育教学最大的效能。高校体育教学内容可选择的范围较大，要在教学时间段完成全部项目的学习是不现实的，这就需要在依据高校客观条件和学生全面发展需求的基础上，选择那些具有代表性的体育健身项目来作为教学的重点内容。

（4）分析所选内容的可行性

要想选好体育教学内容，就需要对地理环境、气候特征、体育场馆、器材设施等做一个全面的考察，并分析体育教学内容的可行性，从而制定出与之对应的弹性实施政策，以便在可控范围内完成体育教学内容，保证教学质量。

二、高校体育教学内容体系的构建

(一) 高校体育教学内容体系的构建设想

相比以往的体育教育，新的体育教育在课程目标的设置上做了一些创新，更加重视各阶段教学内容的连贯性、知识难度的循序渐进和体育知识的系统化。例如，在球类与体操学习目标的表述中，水平四到水平五学习目标的主要变化为从"基本掌握"和"基本完成"到"较为熟练地掌握"和"较为熟练地完成"。但是，如果是不同类的球类项目或者不同类的器械体操，要想通过采用"大循环"排列方式实施体育教学内容来实现水平四到水平五的进阶发展，就会显得十分困难，这是因为"大循环"的方式难以保证各阶段教学水平和学习效果的一致性，所以就无法保证不同项目的学习都能获得比较理想的效果。

高校要想使每一名学生通过高校体育课程掌握一到两门体育运动技能，就必须科学地选择教学内容，还要注意教学内容安排的全面性、专业性和系统性。具体而言，就是要按照国家的要求，根据本地区的实际情况和学生的实际需求与爱好，分年级、分层次地实施体育课程教学，在教学方法的选择上要注意灵活性与严谨性的结合，既要充分调动学生的学习积极性，又要能够井然有序地开展，以实现既定的教学目标，最终使学生逐步掌握整个运动项目的理论与实践方面的学习内容。

(二) 高校体育教学内容体系的构建框架

体育教学内容与教学目标是一脉相承的，也就是说，体育教学内容的设计要遵循以教学目标为导向的思想，依据相应的体育课程教学目标的阶段性要求，这是因为课程目标的阶段性和其内在的逻辑性对于不同阶段的体育教学内容会产生重大的影响和作用。根据学生的认知水平及其发展规律，学生由低年级到高年级的体育课程学习目标也是遵循循序渐进的原则，所以其教学内容的设置也应当是由少到多、由易至难、由表层至内在的过程。

高校体育教学内容体系构建的逻辑性就是要以科学化的体育课程目标为指导，充分遵循学生的学习认知规律、机体适应规律、动作技能发展规律等客观规律。尤其要注意的是，体育课程内容要与学生身体发育过程中不同的体能素质发展的敏感期特征相适应，抓住发展体能素质的最佳时机，以提高学生的身体素质和运动技能水平。

此外，体育教学内容多种多样，从表面看似乎是杂乱无章的，但是如果对其进行深入观察和研究可以发现，所有优质的、合理的体育教学内容，其内部是有逻辑线的，实质上就是通过对体育教学内容各要素，如学生的学习兴趣、掌握运动技能所需的基本动作学生的学习和思考能力、训练强度和训练时间等方面的控制，来提升各阶段学生对学习内容难度的适应性，进而在学生的整个体育学习进程中，使学生的体育知识和技能及他们的学习能力都不断地获得发展，同时通过对教学内容各要素的控制最终达到提升学生综合能力的效果。

（三）高校体育教学内容体系的构建说明

1. 三类体育教学内容的相互关系

三类体育教学内容是指基础类技术体育教学内容、提高和拓展类体育教学内容、终身体育教学内容，三者是基础与提高的递进式关系。通过对三类体育教学内容的逻辑性分析，邻近的两个内容之间既有基础性提高又有技术性提高的关系，所以高校在选择体育教学内容时应充分考虑这一因素。

2. 体育教学内容体系构建的基本要求

要提高学生对体育运动技术的掌握程度，为践行终身体育的理念准备必要的技能基础，有效提升参与体育运动的实际效果，就要注意体育教学内容的完整性和系统性，具体应当做到以下三个方面。

第一，有明确的目标。根据国家对体育教学课程管理的要求来制定切实可行的课程目标，使课程目标的确立与更好地开展高校体育课程的思想相契合。

第二，有科学的规定。在选择和规定体育教学内容和运动项目时，应当充分考虑地域性因素。比如，考虑当地流行和擅长的体育项目及当地传统体育的特征和优势，同时还要结合国家体育倡导的发展方向和发展理念。

第三，有一定的灵活性。从学校的层面来讲，应根据学生的学段和体育运动学习的规律进行选择，同时要尊重运动项目的技术逻辑性和教学的规律性，灵活选择体育教学内容，安排丰富多样的学习内容，既能保证学生学习的积极性，又能达到预期的教学效果。

三、高校体育教学内容资源的挖掘与开发

（一）高校体育教学内容资源的挖掘

对高校体育教学内容体系的构建即内容框架有了一定的了解后，体育教学内容资源的挖掘主要是在整个体育教学内容体系内进行的，具体教学内容的挖掘方向主要从传统、创新两个方面进行，具体分析如下。

1. 引入传统体育运动项目内容

我国具有丰富的民族传统体育文化，为体育教学内容资源挖掘提供了巨大的素材库，高校体育教学工作者应注重对我国民族传统体育项目进行教学可行性研究，并引入适合本校开展的民族传统体育项目。事实证明，在高校体育教学中，纳入民族传统体育内容并丰富当前的高校体育教学内容体系具有重要的教育意义。

第一，有助于丰富体育教学内容体系，为学校体育课程内容开展提供更多的教学选择。

第二，有助于丰富校园体育文化内容体系，利用民族传统体育所特有的民族特点、民族精神等影响学生。

第三，有助于丰富学生的体育知识与技能，使学生深刻理解民族传统体育文化，增强学生的民族自豪感和自信心。

第四，有助于我国民族传统体育文化的教育传承。大学生的思维活跃，学习能力强，个性鲜明，并且有独立的思想和追求。高校民族传统体育课程可以通过大学生群体将优秀的民族文化普及、传承下去，这不仅有利于培养民族传统体育文化人才，还可以进一步促进民族传统体育文化的振兴与发展。

2. 引进新兴体育运动项目内容

随着体育运动的广泛发展和备受重视，从事体育运动的人越来越多，有不少以前鲜为人知的体育运动项目被广泛传播和普及，也有新的体育运动项目被发明和创造出来。

为了持续激发高校体育活力，高校体育教学工作者应该不断地引进新的运动项目，把当前社会上流行的大学生喜欢的体育运动项目引进来，如街舞、瑜伽、拓展训练等。这些新兴的体育运动项目的引进可以为高校体育教学内容注入新鲜血液，不断丰富高校体育教学内容，从而激发大学生的体育学习兴趣与参与热情。

（二）高校体育教学内容资源的开发

1. 传统课程内容优中选优

在高校体育教学中，有很多传统体育教学课程和教学内容已经开展了很长一段时间，这些内容能切实促进高校大学生的身心健康发展，因此应予以保留。

针对传统课程教学内容，体育教师可以从中选出更合适的知识、技能开展体育教学。同时，为了更好地调动师生参与教学活动的积极性，高校应鼓励教师创新教学模式、教学方法、教学组织形式，并给予教师最大的选择体育教学内容的自由，让教师能结合自己的特点选择教学内容，优化教学质量与效果。

2.基于上级课程文本的拓展

所谓上级课程文本,是指国家教育行政部门规定的统一课程和教学内容,它体现了国家的意志,是专门为未来公民接受基础教育之后应该达到的共同体育素质而开发的体育课程和教学内容。上级课程文本具有导向性和政策性。

在确定高校体育教学内容时,上级课程文本对地方和高校具体教学内容的选用具有重要的影响和指导作用,体育教师可在上级课程文本的教学内容框架内,适当选择、拓展和修改教学内容。具体的教学内容拓展操作方法如下教学内容。

(1)参考上级课程文本丰富教学内容

上级课程文本对于下级地区课程文本来说,是引导性和指导性的文件,可以为下级课程教学提供范围、方向和建议与参考,地方、学校、体育教师可以结合具体的教学情况对教学内容进行精心选择、优化、补充,也可以摒弃一些体育运动项目,灵活地调整整个体育教学体系的内容,使体育教学内容既符合上级课程文本要求,又契合本地、本校实际。

(2)基于上级课程文本规定对教学内容进行恰当修改

从课程内容结构上看,我国体育教学课程文本对教学内容的规定是宏观的,这赋予了地方和学校充分的选择自由,上级课程文本关于教学内容的选用标准并没有严格规定,具有灵活性的理解和修改空间。

具体来说,高校体育教育工作者尤其是一线教师在选用体育教学内容时,可对上级课程文本规定的教学内容进行适当修改,充分参考上级文本的指导思想和精神,并在整体思想、内容等方面与上级文本保持一致,但是在具体的教材细节安排上可突出本地特色,增加相应的教学内容。在选择教材、确定体育教学内容时,教师要充分结合本校的实际情况选择和补充特色教学内容,使体育教学内容符合上级文本的要求和范围,同时又能满足本校教学条件的要求,但前提是必须在领会和坚持上级文本的精神和规定要求的基础上进行。

(3)改造传统体育教学的内容

随着社会的不断发展,体育教学为社会培养的人才应符合社会的发展需求,因此体育教学内容必须结合社会和时代发展背景,注重更新换代、与时俱进,对传统体育教学内容中不符合时代特点、学校情况和学生实际的内容,要进行适当的改造。新时期体育教学内容的选择需要考虑的因素、条件发生了变化。基于这些变化,体育教师在对某个具体的学校体育教学内容进行教学时,应进行合理取舍、改造、加工、处理,从中提取一些要素、改变一些要素、增加一些要素或舍弃一些要素，使之成为一个新教学角度（如娱乐性、文化性）的体育教学内容。

（4）社会新兴运动的教学尝试

当今社会，人们的社会生活与体育健康追求发生了很大的变化，体育运动项目更加丰富多彩，新时期的学生群体的体育爱好与以往的学生相比也发生了很大变化，因此体育教学内容应充分考虑学生的喜好和发展需求。当然，在引进社会新兴运动项目进行教学时，不能一味地盲目追求国外流行项目，同时也应关注我国传统民族体育项目的发展。我国多民族的特性决定了各个民族都有出色的民族特色体育项目。这些民族项目既各具特色，又有丰富的体育教育价值，对于不熟悉和没有接触过此类运动项目的当代大学生来说，它们既是一种新鲜的体育运动，又可以作为新的体育学习内容。

四、高校体育教学内容的优化策略

（一）改变教材中过浓的竞技色彩和落后的思想观念

1. 技术教学方面

掌握一定的运动技术是高校体育教学的目的与任务之一，也是贯彻"终身体育"教育思想所必需的。但是我们应清楚地认识到，每项竞技运动都是经过多年的实践才总结出来的，这是最合理的、最优先的（针对当前），也是不容置疑的。有的教学项目从小学到大学都采用同样的教学要求，这是十分不合理的。例如，对于篮球教学中的运球技术，小学生、中学生和大学生都是同样的要求，即使是"专业待训"的选手，也不能过早地进行"成人化"的技术训练，何况是普通学生，更何况教学只有几节课的时间。显然，用这样的要求来对待学生是十分不合理的。体育教师在教学过程中要把握好"尺度"，如果用"走场式"的技术教学，只会造成学生"四不像"或"一无所长"。久而久之，学生的厌学情绪就会越来越重。因此，在对普通学生进行技术教学时，教师可先进行"概括教学"而后再进行"深入教学"，从而不断提升学生的运动技能水平。

2. 考核方面

由于教学内容主要来自竞技体育项目，因此很多考核要求也是如出一辙。以跳远为例，如果学生3次犯规，成绩按0分计算。而世界上一些著名的选手在经过多年的训练后参加比赛，犯规现象仍屡见不鲜，更何况学生只是在经过短暂的学习后就进行考核。考核是检查教学效果的一种方式和手段，不是最终目的，对体育运动项目的学习不能随考核的结束而终止。

3. 应试教育

目前，应试教育对体育教育的负面影响较大，部分高校的办学指导思想不够合理，学校体育教学受"重竞技成绩、轻学生体质"的误导，重竞技轻普及、重课内轻课外、重尖子轻全体学生的现象普遍存在。大部分学生体质的增强、健身意识的形成、健身能力的培养、健身文化的陶冶、健身习惯的养成被忽略，影响了学生个性、人格、尊严、价值、社会生存和适应能力的健康成长、发展和完善，从而造成了人才培养的片面性。

（二）教学内容体系创新

1. 重视体育和健康教育的结合

"健康第一"的指导思想是在我国深化体育改革、全面推进素质教育的形势下，确定了学校体育卫生工作在素质教育中的重要地位和独立作用后提出的。发展素质就是要提高学生的思想品德素质、科学文化素质和身体心理素质，这三者之间构成了相辅相成、不可分割的一个整体。其中，身体心理素质处于基础地位，是硬件，没有健康的身体，人的道德、认识、理想、情操、信息等软件就会失去依托的载体。提高素质必须把改善学生的体质与健康状况，大力提高学生的身体心理素质放在首位。高校体育应该重视引导学生真正认识到身心健康对社会发展和个人生活的重要性，从而引导学生积极参加体育锻炼，以磨炼意志，培养拼搏进取的精神和公平竞争的意识。通过体育实践，师生能够体验到尊重、理解、包容、合作、责任等积极健康的情感，学生能够更加自尊、自信、自强。通过体育教育手段，学生会对运动锻炼的效果产生价值认同，并形成稳定而健康的生活方式。高校体育要构建以人的全面健康发展为核心的综合教育体系，以体现高校体育生活化、多样化、人文化、知识化和终身化的特征。

2. 加强高校体育内容体系的现代化、综合化、个性化

为适应市场经济和社会发展的需要，高等学校培养出来的学生必须基础牢、知识宽、能力强，而要达到这一目标，就要改变过去单一的高校体育教育模式。高校体育教育应把学生由单纯的"受教育者"转向"培养者"，强调"自我概念""自我教育"，在教学过程中，更加注重培养"自我"的重要性。体育内容要综合化、多样化，要大量增加课外运动，如开展网球、羽毛球、乒乓球、保龄球等项目，尤其是要大大增加终身体育的内容，使学生体会到运动的价值不仅在于提高运动技术水平，还在于掌握运动健身方法，为维持和促进健康而服务。

3. 竞技运动的"教材化"和健身运动项目的开发

教材的选择具有多样性，这种多样性不仅来自学生身心需求的多样性，也源于身体联系的多样性。高校体育应从学校体育目标出发，实现竞技项目的"教材化"，以发展学生的身体素质，满足学生的心理需要。竞技运动项目是体育课程的主要内容，但很多情况下不能直接把竞技运动搬到课堂上，需要对它进行加工改造。在高校体育中，竞技运动通过"教材化""健身型""娱乐型""职业型"等方式展现出来，有不少大学生喜爱的竞技运动项目开始在高校体育中占据重要地位，随之成为他们健身运动的新方式。健身运动项目并不排斥竞技运动项目，一些学生感兴趣、负荷适当，便于连续开展的竞技项目完全可以保留在健身运动项目体系内。因此，高校体育应正确处理竞技运动和提高身体素质的关系，强调其可选择性和参与性。

4. 增加有助于培养学生体育能力的教学内容

从人才成长的一般规律看，一般有"求学期"和"创造期"两个阶段，而大学教育正是人才从学习期向创造活动转变的过渡期和转折期。在过去，高校体育以运动技术教学为中心，注重运动型教育，而忽略了体育方法教学，这对于培养学生的终身体育能力、促进学生身体健康十分不利。大学生在校期间除了要学习最基本的理论、知识、技能外，还要发展创造能力和学习能力，因此教师应让学生在探索新知识的过程中，进行创造性的学习。具体到高校体育教学中，教师要十分重视体育方法的教学，重视对学生进行学习方法的训练，开展创造性教育，培养学生终身体育能力。体育教学内容的多样化必须遵循学生生理、心理发展变化的规律和知识、技能的认识特点，必须满足不同年级、不同性别学生的需要和学生个性发展的需要，必须通盘研究大、中、小学体育内容之间的衔接问题。

第四节　高校体育教学模式的应用

一、快乐体育教学模式

（一）快乐体育教学模式的概念

我国有学者提出，快乐体育教学将促进学生体质发展作为前提，把运动当作基本手段，运用恰当的教学方法，让学生在快乐体验中完成锻炼，开发体能。也就是说，快乐体育教学模式是以快乐体验为目标的一种教学模式。

日本有学者强调，快乐教学的根本目的是将体育作为最终追求的目标，并非只是一种手段。同时，将运动作为一项重要技能传授给学生，使其能够理解体育的宗旨，并在未来的生活中主动进行体育锻炼，享受体育带来的益处，从而把体育文化作为生活内容的重要组成部分，陪伴其一生。

还有一些学者认为，快乐体育是一种教学指导思想，它吸取了人本主义教育观中一些观点；同时，快乐体育还是教学方法论、教材理论等相对完备的体育教学实践体系。快乐体育这一先进教育思想不仅在于寓教于乐，而且保留着传统体育教育的精髓。其特殊性决定了它是体育教育的指导原则，所以教师应该让学生感受到体育运动中参与、掌握与创新的快乐，以调动他们的自觉性和主动性，使其参与到体育运动中来。

简单地说，快乐体育是一种寓教于乐的体育教学思想，它从情感教学出发，提倡将学生视为教学中的主体，教师起到主导作用，培养学生健全的身体和人格。快乐体育的核心思想就是，尽量采用多种行之有效的措施，提高学生学习体育的兴趣，获得最佳的锻炼效果，最终让学生深切感受到体育的真谛与乐趣，从而为学生培养终身体育教育思想打下坚实的基础。现代化的体育教学思想提倡培养学生积极健康的心态，根据这种教育观点，教师在教学实践中要改变以往的教育观念，将学生的发展视为教学的主要目的，营造良好的课堂氛围，提高学生参与体育活动的兴趣。从这一点可知，快乐体育教学模式主要是培养学生的主观能动性，它具有得天独厚的优越性，是现代教育思想所提倡的。

（二）快乐体育教学模式在高校体育教学中的作用

1. 有助于促进学生身心的健康发展

众所周知，高校是培养复合型人才的重要阵地，高校教育的首要目标是促进学生身心的健康发展。将快乐体育教学模式合理地运用于高校体育教学中，有利于促进学生生理和心理的健康成长。首先，教师应该给学生更多自主选择的权利，允许他们按照自己的爱好选择自己喜爱的体育项目，充分发挥其独特的个性，提高锻炼的积极性，从而达到事半功倍的效果。其次，合理运用快乐体育教学模式有助于增强学生体质，从而培养学生的独立性与创造性，继而开发学生体育潜力，促进学生身心健康成长。

2. 有助于体现学生的主体地位

伴随着素质教育的不断发展，高校体育教学过程中教师更加注重学生主体地位的发挥，快乐体育教学模式也被有效地引入到高校体育教学中，帮助学生在轻松愉快的气氛中学好体育课程，以培养运动兴趣。此外，教师在教学过程中也可依据学生的兴趣爱好制订具有针对性的教学方案，进而适应不同学生的个性需求并将其主体地位发挥到极致。

3. 有助于构建和谐的师生关系

教师和学生作为体育教学的主体，构建和谐的师生关系有利于高校体育教学平稳有序地进行。将快乐体育教学模式引入高校体育课程教学中，有利于建立融洽的师生关系。第一，宽松和谐的教学环境有助于学生释放个性；师生间良好的沟通，有利于教师理解学生的想法，也利于学生体会教师的艰辛，从而推动两者关系的和谐发展。第二，将快乐体育教学模式应用于高校体育教学中，既能够发挥学生个体的特质，又能够帮助教师对学生进行详细耐心的技巧讲解。

（三）快乐体育教学模式在高校体育教学中的应用

下面分别以高校武术、田径、篮球为例，简要阐述快乐体育教学模式在高校体育教学中的应用。

1. 快乐体育教学模式在高校武术教学中的应用

在高校武术教学中应用快乐体育教学模式，可以激发学生对体育运动的热情，让他们主动参与到体育运动当中；也可以使教师进一步地了解学生的状态，厘清学生的个体差异，从而进行针对性教学，将教学难点和重点贯穿于轻松愉悦的气氛之中，不断提高体育教学质量。

比如，在进行初级剑术基本动作教学时，因为这一部分的学习内容对于学生的动作要求较高，鉴于此，教师在进行基础知识教学时可采用"照镜子"玩法，引导学生两人一组，面对面站好，之后教师示范动作，并引导学生模仿基础动作。当学生模仿一个动作时，教师首先要告诉他们这个动作的重点与要领，再让他们仔细观察对面学生的动作是否有误。如果发现对方动作不到位，要及时指出并帮助其纠正，这样的做法比教师直接点明学生的错误更容易被学生所接受。学生学过基本动作之后，教师需要指导学生把动作串联起来，可让学生组成若干小组，以小组为单位进行至少 15 分钟的练习。具体练习时，学生之间应互相纠正错误，并在此基础上以组为单位展开动作技能较量。演示时，未参加竞争的组别需要认真观察竞争组别，将其完成得不好或不规范的动作记录下来，最后由教师统计成绩。

2. 快乐体育教学模式在高校田径教学中的应用

田径教学内容比较乏味，在教学过程中加入各种小游戏，可激发学生的锻炼兴趣，调动他们的锻炼热情。鉴于此，教师可以在田径运动中安排多个游戏环节。在传统的田径训练中，机械地练习常常会挫伤学生的训练热情，而且训练效果也不理想。受诸多因素的影响，目前大部分高校体育课程编排偏少，甚至许多高校体育器材较为陈旧，有待更换新器材。若想引起学生在田径训练中的兴趣，教师就要了解学生的心理特点，将快乐体育教学模式引入训练和教学中。在游戏教学内容的选择上，不仅要兼顾游戏的丰富性，还要兼顾田径教学内容，有针对性地设计游戏教学模式，以实现教学效果的最大化，不断提高学生的田径技能水平。此外，教师还要关注游戏安排是否合理，注意游戏安排的顺序和时间。一般来讲，在训练前安排游戏，要能够达到热身的效果，同时激起学生的学习兴趣，帮助学生顺利进入训练阶段，防止因为训练前热身不充分就进行剧烈运动而发生运动损伤。在训练过程中，为了使学生减轻疲劳感，放松心情，教师可在学生的训练间隙适当布置一些游戏。但是必须注意，不可过多地安排游戏，防止因消耗太多体力而无法顺利完成之后的训练内容。另外，教师在教学中还要注意所安排游戏是否合理，假如游戏强度过大，会对学生的心情造成影响，也会大大降低训练效果。

3. 快乐体育教学模式在高校篮球运动中的应用

兴趣是最好的老师，同时也是学生参与体育活动的内在动力。传统的高校体育活动，作为一项复杂的双向、多边活动，主要以教师的讲解为主，辅以学生的训练，然而这种方式久而久之会导致学生的学习动力不足，甚至产生厌倦情绪，从而影响课堂教学的效率。为了改变这样的状况，激发学生的学习热情，高校体育教学可以采用竞赛、音乐等方式为课堂注入新的活力。例如，在进行篮球投篮教学的准备活动之前，教师可以让学生采用体育舞蹈的方式进行热身，接着展示标准的投篮动作，从而激发学生的训练热情，营造团结互助的课堂气氛，进而更好地融入课堂训练中。

二、高校体育多媒体教学模式

（一）多媒体教学技术的特征

1. 多媒体教学技术的多维性特征

所谓多媒体教学技术的多维性特征，主要是指多媒体教学技术所拥有的对信息范围进行处理的扩展与扩大空间的能力，而此种多维性功能能够变换、加工、创作输入的信息，使其输出信息的表现能力得到提高，显示效果得到丰富。例如，在开展高校体育教学的过程中，教师合理利用多媒体系统，不仅能够保障学生对文本知识的学习，还能在多媒体技术的支持下，使学生更加清楚地观察体育教师的动作演示，从而增强高校体育教学效果。

2. 多媒体教学技术的集成性特征

所谓多媒体教学技术的集成性特征，主要是指多媒体教学技术能够对不同类别的多种媒体信息有机地进行同步组合，如声音、文字、图像等，进而促进多媒体信息的形成。此外，集成性还具有另外一层含义，指对多媒体信息进行处理的工具或者设备的集成，包含视频设备、储存系统、音响设备、计算机系统等的集成。总而言之，多媒体教学技术的集成性指的是在提供各种设备的基础上，将各种媒体紧密地联系起来，使文字、声音、图片与音像的处理实现一体化。

3. 多媒体教学技术的交互性特征

所谓多媒体教学技术的交互性特征，主要是指人和人之间、人和机器之间、机器和机器之间的交互活动，也就是具备人和机器进行对话的能力，以及使用者与机器进行沟通的能力。这也是多媒体计算机系统不同于传统音响、电视机等家电设备之处。根据实际的需要，人们能够选择、控制、检索多媒体系统，同时能够参与到播放多媒体信息与组织多媒体节目的行列中。

4. 多媒体教学技术的数字化特征

所谓多媒体教学技术的数字化特征，主要是指在多媒体计算机系统中，各种各样的媒体信息以数字的形式存放在计算机中，并得到处理。多媒体教学技术是在数字化处理的前提下建立的，如以矢量方式储存与处理的图形、以点阵方式储存与处理的图像、以数字编码方式储存与处理的音频和视频等。在数字化技术发展的背景下，多媒体教学技术得到了广泛传播与发展。

（二）高校体育多媒体教学模式的应用优势

多媒体教学模式通过文字和图形的形式与动画、音频、视频相结合，立体显示体育课程的教学内容，具有表现形式和表现手段丰富多样、灵活多变的特征，可充分体现其独特的优势。

1. 使高校体育教学观念得到更新

高校的传统体育教学模式是以教师的教为重心，在高校体育教学中，应用多媒体技术能够使传统高校体育教学模式发生改变。体育教师在授课过程中应用现代化的多媒体教学手段时，需要开展人机交互活动与学生间的交流活动，以激发学生的体育参与意识，展现体育多媒体教学的思想，即以学生的"学"作为中心。

这些都能够极大地促进高校体育教学方法实践性与多样性的变革，拓展学生体育知识与体育技能的学习思路与方式。

2. 使高校体育教学质量得到提高

在传统的体育课程教学活动中，教师主要应用讲授式的教学方式，在实践课中需要体育教师进行讲解与示范，但在主观条件与客观条件的制约下，教师很难进行完全规范、标准的技术动作示范，学生在短时间内形成正确的动作概念，是一项极具挑战性的任务。而且学生体育学习训练情况，只能通过体育教师的评价和反馈得知，这样的高校体育教学成效可想而知。通过实施多媒体教学模式，借助文字和图片的辅助，将体育课程中的抽象概念具象化和形象化，同时借助计算机模拟和演示高难度的体育技术动作，特别是在阐述和演示那些速度较快、结构复杂的技术动作时，所获得的成效将更加显著。借助多媒体技术的支持，通过播放慢动作，学生能够更容易掌握动作要领，促进相关体育概念的形成，从而大幅提升高校体育教学的效率和效果。

3. 使学生的体育学习效果得到提高

多媒体技术能够刺激人的视觉、听觉等多种感官系统，促进大脑不同功能区域交替活动的开展，促进体育学习内容生动化、形象化的发展，增强高校体育教学活动的趣味性与直观性，有助于加强学生对体育技术动作的理解。多媒体技术综合利用了字体、色彩、图像、音乐、动画和闪烁等多种表现手段，使教学过程变得"声图并茂""有声有色"，高校体育教学内容的艺术表现力与感染力得到增强，高校体育教学的课堂教学气氛得到活跃。特别是高校体育多媒体教学中对肢体和谐美、力量美与技艺美的展现，可使高校学生对体育功效与社会价值有一个深刻的认知，使他们的求知欲与体育学习的热情得到激发，进而使学生的体育学习兴趣与体育课堂教学的质量得到有效提高。

（三）高校体育多媒体教学模式的应用策略

1. 合理安排多媒体课件内容，充分发挥体育教师的作用

学生对体育知识的接受程度的高低和学生学习效率的高低取决于体育教师在教学内容安排上和教学讲授趣味性方面的水平高低。在采用多媒体教学模式时，首先，教师应当将本堂课所要讲授的重点知识置于多媒体课件中，使其成为扩充自身知识容量的有力工具，并在课堂中展示。其次，在选择教学辅助工具时，务必挑选那些生动形象的图像、画面和视频等，以避免多媒体成为单调乏味的文字播放显示器。最后，为了充分发挥多媒体的功能，体育教师需要不断学习多媒体

操作技巧，同时接触最新的网络信息。只有这样，教师才能最大限度地完成教学目标，确保教学知识与教学标准相契合，与时代保持同步。

2. 理论知识与体育实践互动，应用多媒体的动作展示功能

多媒体教学优势明显，是传统体育教育所无法企及的。但是，多媒体教学总归是一种讲授理论知识的辅助工具，而要想在体育教学中发挥多媒体的优势，就必须将理论知识和体育训练的实践结合起来。

根据体育学科的特点，体育教师在使用多媒体教学时，应尽量多安排动作讲解内容，讲解完之后组织学生进行实际的动作练习。此外，教师还可以将多媒体课件分享给同学，引导他们在课堂外学习，进一步掌握课堂上未能及时消化的知识，并改正自己的错误动作。由此，利用多媒体教学，将课堂教学和课外教学相结合，学生可自由选择自己热爱的体育活动，增加体育练习的时间，取得更大的进步。通过多媒体的辅助作用，学生能更准确地掌握动作要领，从而增强他们学习体育的自信心。

三、高校体育俱乐部教学模式

（一）高校体育俱乐部教学模式的内涵

体育俱乐部是根据学生的意愿，在学校或者学生团体的组织下自觉参加某项体育活动的体育课程教学模式。我国的高校体育俱乐部教学模式主要分为课内体育教学、课外体育教学和课内外一体化三种。课内体育教学俱乐部由体育部门组织，教师参与，以上课讲授的形式为主，有固定的上课时间，排入课表，大一、大二的学生以必修课的形式参加，大三、大四的学生以选修课的形式参加。课外体育教学俱乐部由学生社团、体育爱好者自发成立，没有固定的上课时间，学生自发地参加体育锻炼和体育比赛。课内外一体化俱乐部是将课内体育俱乐部和课外体育活动俱乐部相结合的一种教学方式。

（二）高校体育俱乐部教学模式的优点

高校体育俱乐部教学从学生的兴趣出发，改变了以班级为单位的教学模式，将兴趣相同的学生和该专业的教师放在同一个班级，可以增强学生的身体素质和运动技能，使学生得到锻炼和提高。随着高校招生人数的扩增，许多学校在体育器材和硬件设施上无法满足学生需要，而俱乐部模式可以减少学生使用运动器材的冲突。俱乐部模式还将课堂教育和课外教育相结合，便于学生将理论和实践相

结合，更加科学合理地进行锻炼，使学生在力量、速度、耐力、柔韧、灵敏素质等方面得到最大限度的提高。与传统的体育教学模式相比，体育俱乐部教学模式更注重因材施教，发挥学生的主观能动性。此外，俱乐部本身具有开放性和自由性的特点，更加符合新时代体育教学改革的要求，也给那些功底扎实、专业突出的教师提供了展现自我的舞台，有利于提高教学质量。

（三）进一步推广高校体育俱乐部教学模式的对策

1. 改变单一的教学模式

推进"一体化、分层次"的教学模式。"一体化"是确保学生的体育运动时间不被专业课挤占，"分层次"是把不同年龄、不同身体素质、不同兴趣爱好、不同运动水平的学生安排到不同的班级，更加有利于教师因材施教，发挥学生特长。可以为大学生运动会选拔"小裁判""小教练"，进一步扩大对体育干部的培养，为扩大体育后备力量、提高体育教学质量作出贡献。俱乐部教学模式应真正体现出新颖性、娱乐性、趣味性的特点，并注重学生未来职业和生活方式相结合的延伸价值及在社会上的可操作性。教师还要从季节的变化上合理安排课程，如开设游泳课，冬季可以将游泳课变为滑冰课，增添课程的趣味性。

2. 转变体育教学观念

高校是培养人才的重要场所。高校体育院系不但要做好学术研究，还应高度重视对学生的体育教学方式和体育训练方法的改革，积极构建全新的教育教学模式，如体育俱乐部等，投入资金购置体育设施和器材，并建设和维护体育场馆。除了依靠学校拨款和社会赞助，还需要探索高校体育俱乐部与社区体育的合作发展模式，以及高校体育场馆和设施的社会化运营，从而实现资金的开源节流。随着条件的成熟，高等教育机构可以逐步将体育事业转为市场化运作，实现高校体育俱乐部的自主化运营，增加资金的多渠道来源。除了传授传统的篮球、羽毛球、乒乓球、长跑等体育项目外，高校体育教师还应推广新兴的运动项目，如瑜伽、射击、攀岩、网球等，以更加丰富的活动形式增强学生的身体素质。唯有如此，方能从根本上颠覆传统的体育教学模式，激发学生参与体育锻炼的热情，使其在全新的体育活动中不断提升自我，进一步深化高校体育俱乐部教学模式，使其更好地发挥教学作用。

3. 建立科学合理的考核评价体系

在传统体育教学模式中，通常采用定量考核方式，而这种评估方式无法照顾全体学生的体质差异。为了实现素质教育的目标，我们需要建立一个科学合理的考核评价体系，该体系应该综合考虑学生的多方面表现，包括运动积极性、领悟能力、进步程度等，以便让学生感受到体育带来的激情和乐趣，同时监督他们长时间地进行体育锻炼。此外，体育教师应结合学校实际情况制定合理科学的考核内容，使考核更具针对性。高等教育机构还应确立一套完备的教师绩效评估机制，因为教师的专业素养在一定程度上影响着学生对体育项目的热情和学习动力。

4. 完善俱乐部内部运作体系

俱乐部主任的职位，应由高校在教师群体中选拔，选择综合能力强的骨干教师担任，并实行俱乐部主任负责制。新体制的运行必须坚持"提高教育教学水平"这个中心，采用分类逐级负责的管理机制，构建更为科学、合理的管理模式。目前，俱乐部的内部运作体系还不够完善，要想建立完善的运作体系，还需要专业的管理人才合理配置学校资源，有效地安排学生体育课的时间，维护和管理学校的体育器械，进一步提高场地设施的利用率，实现校内资源的最大化利用。对学生进行分流，引导学生选择正确的且适合自己的体育项目进行锻炼，避免盲目从众，导致某个项目报的人数过多、器材场地不够的现象发生。高校还要在学期末对各个体育项目的学生进行反馈调查，进一步总结俱乐部教育教学中出现的问题并及时改正，提高俱乐部的体育教学水平，以便为学生提供良好的体育资源，提高学生参加体育锻炼的积极性，从而达到增强学生身体素质的目的。

四、合作学习教学模式

（一）合作学习教学模式概述

1. 合作学习教学的概念

合作学习教学是一种与权力主义、强迫命令的教学观相对立的新的教学观。它是由当代杰出的教育家阿莫纳什维利提出的。合作学习教学模式能够将学生在游戏中固有的自由选择和全身心投入的心态迁移至教学过程中，从而在师生真诚的合作中实现教学目的。

2. 合作学习教学的基本原理

一是教学过程的发展性原理。合作学习教学认为，每个学生都有无限的潜力和可塑性，教学与教育能最大限度地发挥学生的潜能。

二是教学过程的人性化原理。合作学习教学提出，教师要做到以下三个方面，才能保证人性化的贯彻与实施：第一，热爱学生；第二，使学生的生活环境合乎人性；第三，在学生身上重温自己的童年。

三是教学过程的整体化原理。教学过程就是要发挥学生的自然力与生命力。

四是教学过程的合作化原理。在现实社会中，常常会出现学生希望成长但又想玩，愿意学习但不想失去自由的情况，因此教师要与学生合作，并从学生的立场出发组织教学活动。

3. 合作学习教学的方法

合作学习教学的方法有以下几种：①教会学生思考。在教学中，教师可以在学生面前一边阐述思维过程，一边解题，让学生了解教师的思维和解题过程；或者教师鼓励学生怀疑、反驳、论证此课题。②"夺取"知识。合作学习教学认为，教师不应把知识灌输到学生的头脑中，而应当让学生与教师"夺取"知识，并在这种"搏斗"中体会成功的快乐。③充分利用黑板。合作学习教学认为，板书是师生双方交流的主要手段之一。④说悄悄话。说悄悄话是课堂提问的一种特殊方法。对于问题的答案，由教师给予学生奖励、安慰等评语，有利于保护学生的积极性与自尊心。⑤让学生当老师。合作学习教学认为，教师应当在教学中与学生积极互动，使他们感到自己所做的事情是自己愿意干的事情。

（二）合作学习教学模式的应用意义及可能性

1. 体育教师应以教育者的身份开展学校体育工作

体育教师必须具备教育学领域的专业知识和研究经验，应当是教育学的专家或者学者。体育学科与其他学科教学目标的设置上来看，本质是相同的。例如，数学教师以求解方程式等形式来培养学生的智力，促进学生智力的全面发展和提升；语文教师以文字、作文和语言为媒介，提高学生的综合素质和文化素养，提升学生的智力水平，从而实现学生全面健康的成长；体育教师的职责在于运用体育锻炼和运动训练的方式，提升学生的身体素质和智力水平，从而促进学生身心的全面发展，提高学生的体育水平。尽管不同学科的教师所采用的方法和手段各不相同，但他们的教育教学目标是一致的，旨在推动学生全面发展和提升学生的素质水平。然而，在教学过程中，许多教师仅仅注重传授理论知识，忽略了对学生全面素质的培养，导致学生虽然掌握了丰富的文化知识，但在人格塑造和身心发展方面未能取得长足的进步。

2. 体育教学的组织工作为合作学习创造了良好的机会

相较于其他学科的授课方式，体育教学工作具有更高的灵活性和多样性，这使得体育教学在组织和实施方面面临着更为严峻的挑战，这是其他学科所无法比拟的。随着体育学科内容的不断演变，体育教学方法也在不断创新，从而导致教师和学生的角色和地位也在发生变化。比如，学生在课堂中扮演着练习者、指导者和帮助者的多重角色，为体育教学从不同方面提供着支持。因为师生的角色在不断改变，体育教学中的合作机会也在随时产生，所以，教师必须巧妙地运用合作策略，引导学生相互帮助、协作交流，以达到最佳的教学效果，从而完善体育教学模式。此举不仅有助于学生掌握体育知识，同时也有助于他们在未来的成长过程中领悟更多关于做人的智慧。在体育教学的过程中，教师应当积极引导学生参与协作学习，以获取各种知识和技能，并在此过程中塑造学生高尚的品格和高尚的情操。

3. 体育教学的内容和方法为合作学习提供了基础和条件

在体育课堂中，身体是体育训练和教学的基础。学生在课堂上，需要承受一定的身体负荷量，这就决定了体育教学和其他学科是不同的。在体育教学过程中，许多教学目标和项目都要通过集体活动才能实现，学生之间必须相互配合，因此体育教学中更重视合作学习。通常来说，体育教学中几乎所有集体项目练习都需要协作完成。比如，在球类运动中，在传球过程中就需要传球者设法将球传给队友；对于接球者而言，应注意击球的落点与方向，把球接住。只有传、接球双方完美地配合，才能较好地完成训练任务。合作学习大量存在于体育教学的过程当中，与此同时合作学习又是集体项目得以完成的基本条件之一。因此，在体育教学中必须合理安排学生进行合作学习，站在教育者与研究者的立场上，以体育教学为手段，对学生的学习进行合理指导，使学生能够意识到体育学习中合作的意义，从而逐步完善个人品格。

（三）合作学习教学模式的理论依据

1. 人本主义教学理论

人本主义教学理论被许多教育者推崇，其所倡导的教育思想在当代学校教育中有着广泛的影响。人本主义教学理论强调"以人为本"，倡导以学生为中心的教育理念，提倡满足人的个性需求，满足人的情感、动机需求，并从满足主体生存需要的角度出发，来开发学生的潜能。在学科教学中，人本主义教学观其实就是我们常说的主体性教学观，就是要求教师在教学时以学生为主体，尽可能地激发学生学习的自觉性、积极性和创造性。体育是"人"的运动，是人类文化的积淀，也是人类的精神乐园。体育学习的过程，就是学生对自己的认知过程，特别是对自己身体的认知过程，是主动促进身心发展的特殊的实践过程。

2. 学校体育为终身体育奠定基础的体育思想

这一思想强调学校体育教育应以培养学生的终身体育理念为目标。应为终身体育打下良好的生理、技能、兴趣、习惯基础，使学生学会自主学习、自主进行体育运动，具备自主学习能力和对自己进行正确评价。这一思想强调，兴趣和习惯是推动学生养成自主锻炼和体育学习习惯的动机和原因。所以，体育教学要以学生的需求、兴趣为出发点，以此来培养和发展学生的终身体育意识，实现体育教育的最终目标。

3. 自主学习、合作学习的理念

所谓自主学习，就是不管是否有别人的帮助，个体都能够积极识别学习需求、制定学习目标、发掘学习所需的资源、对学习成果进行评估。所谓合作学习，就是以自主学习为基础，学生组成小组或者团队，以此为单位承担共同任务，并明确责任分工而进行互助性学习的过程。合作能带来更多的启发、更大的回报和更好的感受。体育学习正朝着自主学习、合作学习的方向发展，但是因为不同学生在生理上、技能上、兴趣上、爱好上有着明显的不同，所以体育教学应该给予他们更多的引导去进行自主学习、合作学习，使他们学会恰当、主动地配合同伴，并在合作中最终实现自己的学习目的。在过去，学习过程基本上以教师为主体，无论是备课还是布置作业，都由教师按照自己构思好的流程来设计，而学生只是被动地观察、模仿或者实践，久而久之，他们就会变得越来越缺乏热情，对教师的依赖性也越来越大。所以，为了让学生成为学习的主人，并学会自主地和同伴一起学习，高校需要建立一个适合自主合作的教学模式来让学生真正地掌握学习的主动权，而非在教师的监督下学习。

（四）合作学习教学模式的应用

1. 合作学习教学模式的适用范围与教学原则

（1）适用范围

合作学习教学模式对学生有较为严格的要求，要求其必须有一定的团队协作能力，同时还要有一定的自我管理技能。教师应依据学生的身心特点，并利用自身的有利条件，在高校公共体育课中开展合作学习教学模式，开设符合学生身心发展特点的体育课。

（2）教学原则

要想保证教学效果，需要有明确的教学原则作为基础。合作学习教学模式不但要遵循一般的体育教学原则，同时还要把握的教学原则包括：第一，自主性原则。教师需要帮助学生建立学习的自主性。第二，情感性原则。合作学习模式下，教学中融入情感性原则，可以让学生更加积极地朝着目标努力。第三，问题性原则。在教学中，教师要用问题引导学生进行思考。在设计问题的时候，考虑学生实际情况，运用心理学、教育学知识，科学合理地设置问题。第四，开放性原则。主要体现在课堂形式、课堂内容上要有开放性解决学习问题时要做到由点及面、由此及彼。

2. 合作学习教学模式的应用策略

（1）提升教师整体素质

教师需要持续学习，更新自身的知识，学习最新的、最先进的教学理念。部分教师不愿意主动学习新知识，思想观念落后，思维保守，因此教师在实践中也无法将最新的体育教学观念有效融入教学实践。对于这些教师来说，由于受自身的思想和观念的限制，无法将紧跟时代步伐的先进的知识传授给学生，不利于学生通过体育锻炼达到身心健康发展的目的。因此，教师必须积极探索、不断进步，努力吸收新思想、新内容，才能有意识地培养学生的合作学习能力，令其在合作中学会互相帮助，锻炼合作意识和竞争意识，养成良好的人格。由此可见，先进的理念是基础，但是如果没有优秀的教师队伍将先进的理念运用到教学实践，再先进的理念也只能停留在课本上，学生无法从中受益。

（2）体育教师应灵活施教

在体育教学实践中，知识和技能的灵活应用是体育教师必须牢固树立的思想。教学活动，特别是体育教学活动是一个灵活变化的过程，课堂上经常会出现各种突发情况，仅靠书本上的教学理论和思想无法完全解决课堂中可能出现的突发状况。所以，体育教师必须具有创造性教学思想，汲取他人的优势，弥补自身的劣势。

（3）以学生为主体进行因材施教

在体育课堂上，教师在引导学生开展合作学习的过程中，一定要将培养学生的合作技能放到重要位置，在帮助学生理解和掌握合作技能的同时，还要多给学生创造合作的机会，为其提供平台进行合作交流。另外，在开展合作学习时，教师还应培养学生的竞争意识。竞争和合作是相互依存的，在合作中竞争、在竞争中合作更有利于合作学习的展开。所以，需要正确看待它们之间的关系，增强学生的学习成效，提高学生的素质。

3. 运用合作学习教学模式的注意事项

首先，教师要具备一定的耐心与决心。因为大多数学生不懂得如何进行自主学习、合作学习，会有不适应、不知道怎么做的状况出现。此时教师必须给学生一些时间来学习和接受，并耐心地对学生进行指导，不厌其烦地教给他们合作学习的技能和知识。

其次，根据学生以往的学习经验，重设问题情境。学生的已有经验是影响自主合作学习的重要因素之一。通常情况下，在刚开始上课的时候，教师就可以创设一些情境，帮助学生回忆曾经遇到的学习"问题"。与学生近距离接触，引导他们先做一些简单的思考，再层层深入，进一步剖析"问题"，让他们学会在练习中找到"问题"的答案。

再次，精选和改造教材内容，激发学生的学习兴趣。怎样精选和改造教材内容才能引起学生的积极性，是体育教师要仔细思考的问题。

最后，学会认真观察并积极参与学生的学习训练实践。合作学习教学模式注重的是学生自主学习和合作学习，所谓的"自主"并非将教师排除在外，而是教师要通过观察再进行纠正和引导，适时地参与学生的学习训练实践，既不能太多地干涉学生的学习，又能在学生需要指导和帮助时发挥自己的作用。

第二章　高校体育文化概论

高校体育文化是体育教学的重要组成部分，本章主要讲的是高校体育文化概论，从高校体育文化的理论概括、高校体育文化的结构和内容以及高校体育文化的特征和功能三个方面展开论述。

第一节　高校体育文化的理论概括

高校体育文化在高校校园文化中有着举足轻重的地位，也是高校师生联系最密切的文化。大学生基于自身兴趣开展竞技体育、传统保健体育、现代健身体育、娱乐体育等体育文化活动，既能丰富课余文化生活，又能创造独特的体育文化氛围。加强高校体育文化建设、营造浓郁的校园体育文化氛围、全面提升高校育人质量具有深远的发展意义与积极的参考作用。

一、高校体育文化的定义

高等院校是我国文化积淀、发展和传承的主要社会载体，是知识形成、传播的主要社会场所，高等院校的改革与发展对我国经济、政治、文化的进步与发展有着深远的影响。高校体育文化以它独特的氛围在潜移默化中影响着教师和学生；用发展的眼光看，一个好的校园体育文化氛围可以健身、健心和培养人们的社会适应能力。从教育学的角度看，良好的体育文化氛围能够提升大学生的道德品质，助其养成良好的体育观念，增强审美情趣，改善心理特质；大学生在体育文化氛围浓郁的校园环境中，更容易产生进行体育锻炼，学习体育技能的积极心理和动机，从而形成良好的健身和锻炼习惯。从社会学的视野看，良好的校园体育文化氛围能够提升大学生社会意识、促进大学生社会化、加强大学生交际能力和社会活动能力。

高校体育文化是从高校校园这一具体环境中衍生出来的文化形态，它属于社会体育文化范畴。《体育运动词汇》一书中对"体育文化"做了如下定义："体育文化是广义文化的一个组成部分，它综合各种利用身体锻炼来提高人的生物学和精神潜力的运筹、规律、制度和物质设施。"[1]

高校体育文化是校园文化与体育文化有机结合的产物，是高校师生在校园这一特定的环境中，为实现高校培养和造就合格人才的目标而实施、传播的与身心健康直接相关的以身体活动为主要载体的精神文化现象。高校体育文化是高校校园文化中的一个重要内容，它又反作用于高校校园文化；高校体育文化有着很高的品位与水平，是一种独特的充满校园文化气息与健康生活气息，其注重培养教师与学生体育价值观，贯彻"健康第一"高校体育目标，针对大学生群体体育行为

---

[1] 邓树勋、陈小蓉：《现代大学体育理论教程》，广东高等教育出版社2006年版，第65页。

方式、思维形式与活动方式而形成的大众文化，主要有校园体育课程、体育课外活动、体育艺术活动、校园体育竞赛活动、体育欣赏活动等具体表现方式和活动形式。

一般来说，高校体育文化的内涵由三个部分组成，即高校体育精神文化层、高校体育制度文化层、高校体育物质文化层。高校体育文化的三个层面相互联系、相互促进，共同发展，缺一不可。

二、高校体育文化的现状及践行体育文化的意义

在人类不断进步与发展的今天，培养有竞争意识和开拓精神的全面复合型人才已经成为高等学校教育的发展方向。体育在高等教育中占有重要地位，同时也是实施素质教育的一个重要内容与途径，要想促进素质教育、培养学生综合素质，就一定要把体育文化素养放在首位。

（一）现代大学生体育文化素养的现状分析

1. 体育知识贫乏，体育技能缺乏，体育行为被动

为评估大学生的体育文化素养，可以从体育知识、技能和行为方面做好指标评估。然而，目前情况表明，现代大学生在体育文化素养方面与其所处的文化阶层存在着严重的不匹配现象。这主要表现为缺乏体育知识、体育技能和体育运动的积极性。对于常见的运动损伤，很多学生并未掌握预防和处理方法，如"脚踝扭伤了，该如何应对？""摔倒后如何自救？"由于缺乏基本的急救知识，大多数学生在遇到突发情况时往往束手无策。

2. 体育意识不强，体育个性不强，体育意志薄弱

随着社会的进步，国家越来越重视社会体育和学校体育的发展，并颁布了相关文件，在社会中宣传进行体育锻炼的重要性，我国普通民众的体育锻炼意识得到了大幅提升，校园体育文化活动也呈现出蓬勃发展的态势。然而，也应该看到，大学生的体育参与意识仍有待提高，终身体育意识尚未形成，体育个性不够鲜明，体育意志也相对薄弱。出现以上情形的原因可以归纳为以下三个方面。

第一，学生的体育意识形成受到了传统应试教育体制的限制，而学校长期追求升学率的结果则导致忽视了对学生体育意识的培养。

第二，由于社会环境的影响，用人单位对学生的人才素质提出了更高的要求，这迫使他们不得不全身心地投入学习中，而无暇顾及体育锻炼。

第三，限制学生体育意识和体育个性形成的另一个重要因素是体育设施和场地的条件限制，以及教师导向意识的不足。

（二）高校践行体育文化的意义

高校体育文化是一种与高校师生息息相关的文化，在所有校园文化中，它是一种特殊文化现象。高校践行体育文化的意义主要表现在以下三个方面。

1. 丰富教师的体育文化生活

教师是教学过程的主导者，在教学中扮演着非常重要的角色，教师的身心健康对整个大学的实际教学成果有着非常重要的影响。体育在增进身心健康方面具有极为重要和特殊的功能，对促进高校教师身心健康发挥着十分重要的作用。

2. 高校体育文化能对大学生心理健康产生积极的影响

高校体育文化在促进大学生心理健康方面具有积极的促进作用：一是通过身心健康的交互作用来践行高校体育文化。在体育文化中，最注重的就是身体锻炼，心理学家凯恩在1983年对1750名心理医生的调查显示，有80%的人认为身体锻炼是治疗抑郁症的有效手段，60%的人认为应将身体锻炼作为一个治疗手段来消除焦虑症。[①]二是从精神层面上，高校体育文化通过体育文化的熏陶，使大学生养成健康向上的心态，并通过体育锻炼参与体育比赛、培养体育精神，提升学生的自我调节能力，形成良好的道德品格和心理素质，促进自我的全面发展。

（1）高校体育文化有利于减轻大学生在人际关系方面的压力

高校体育文化的主要表现形式包括：高校体育教学、课余体育活动、体育竞赛、体育协会组织、对外体育交流等。大学生参加这些体育活动时，不仅要发挥自己的特长，还要融入集体中互相配合，共同实现既定目标与任务。大学生必须在这个过程中学会处理好自己和他人之间的关系，保证活动顺利进行。在比赛时，大学生需要时刻与同伴保持交流，在比赛情况良好或者同伴表现较好时，要通过不同方式来表达自己的鼓励与认同；在出现失误或者同伴表现欠佳时能够抑制住不良情绪，做到互相理解与支持，从而使大学生在参加锻炼的过程中逐渐养成自信、自强、包容、豁达的心理品质与行为习惯，做到尊重别人、不怕困难、勇于进取、遵守规则。

（2）高校体育文化有利于大学生准确评估自己，提高自我接纳与自我认同感

大学生只有处于心理健康状态时，才能够客观地评价自己的才能、品格，认识到自己的优势与不足。认清自己的价值，可以扬长避短，不断开发内在潜力，

[①] 潘军：《论体育锻炼对促进大学生心理健康教育的积极意义》，《企业家天地·下半月刊（理论版）》，2008年第12期，第151—152页。

也可以使学生个体对自己的身体状况、思想、情绪等做出正确评价。体育锻炼是改善人们身体表象、提高身体自尊的关键。身体自尊指的是个体对自身运动能力的评估，对自身外貌是否具有吸引力的感受，对自身健康状况和身体承受能力的评估。身体表象和身体自尊关系自我概念的形成，不管是男孩还是女孩，如果对自己的身体表象评价低，容易产生自卑心理，甚至会产生焦虑、抑郁等心理疾病。有研究表明，肌肉力量与身体自尊、情绪稳定性、外向性格和自信心呈正相关，并且加强力量训练会使个体的自我概念显著增强。心理学研究显示，人格的形成及其发展与人的活动密不可分[①]。大学生在进行体育锻炼的过程中，可以使思维活动与机体活动紧密结合在一起，进而促进个体的全面发展。与此同时，体育锻炼还能使学生发挥自身才能，提升自我满足感，从而使人们的心理状态发生积极的变化。

（3）高校体育文化有利于大学生良好意志品质与个性心理的培养

一个人的意志品质包括个体的自觉性、果断性、坚韧性与自制力，以及勇敢坚韧与独立积极等品质。意志品质是个体的行为特点的总和，具有稳定性。体育锻炼不仅需要克服诸如气候条件变化、动作困难或者外在障碍等客观因素带来各种难题，还需要克服诸如胆怯、疲劳及运动损伤等主观因素带来的各种难题。与此同时，也要遵循竞赛规则，在比赛中约束与规范个人行为，以在比赛中发挥最大潜力。此外，体育锻炼还通过体育文化活动来表达人类团结友爱、和平共处以及共同进步的先进理念与心愿，并在理性规范的角逐中磨炼自身品行，并在成功和失败、荣誉和耻辱、争取和退让、个人和集体之间进行抉择，在抉择中展现了个人的世界观及价值观。总而言之，"更高、更快、更强"的奥林匹克精神是体育文化的精髓，"公开、公平、公正"是体育文化的基本原则，通过高校体育文化教育，能够帮助大学生树立良好品行，培养良好的个性。

（4）高校体育文化有利于减轻大学生的抑郁、焦虑、敌对、怯懦、强迫等不良心理

评价高校体育文化对心理健康的影响，关键是要看学生对自身情绪的调节能力。高校体育文化主要通过体育锻炼这一形式与途径来积极地作用于大学生的心理，体育锻炼能有效地转移个人不愉快的意识、情感与行为，从而摆脱苦恼与痛苦。体育锻炼对情绪具有调控作用，是适度参加体育锻炼时，人体能够释放可以

---

① 白光斌、高鹏飞、张超：《体育运动对心理健康的干预与影响机制研究》，《西安文理学院学报（自然科学版）》2011年第1期，第117—121页。

提升大脑皮层兴奋性的物质——内啡肽,这种物质可以加强神经系统的兴奋抑制的交替转换,进而改善人的情绪。所以,当学生在参加一些感兴趣的体育活动时,能够从中获得一定的乐趣,使自己变得更加兴奋。国内的研究资料表明,以有氧代谢为标准的中距离和长距离慢速跑、变速跑能够松弛紧张的情绪;集体项目,如球类活动,可以通过培养良好的协作精神和团队意识来抑制焦虑;健美操、有氧韵律操等对缓解焦虑有明显的作用。另外,有学者的研究表明,经常参加身体锻炼的人的焦虑、抑郁、紧张和心理紊乱等消极的心理变量水平明显低于不参加身体锻炼的人,而愉快等积极的心理变量水平则明显要高一些。

3. 促进高校校园文化的建设和发展

高校校园文化是一种以校园为空间场所的群体文化,表现为学生与教师共同参与、各类文化与体育活动共同参与。其主要内容有:以青年学生为主体的文化观念和学生特有的思想、行为特征与模式;教师和学生在课外生活中的一切群体形式的文化体育活动,如诗社、棋牌俱乐部、文学社及其他社团活动等,最能反映校园文化实质内容的校园风气或校园精神。校园文化建设在学校育人工作中占有重要地位,可以推动全校教育思想、教育管理、教育方法等方面的转变,对引导学生树立正确政治方向、增强思想道德素质、发展智力、促进身心健康、充实文化生活等方面都有十分重要的作用。同时,有利于学生建立和养成良好的审美观及融洽的人际关系,有利于学生积极情感与创造意识的培养,有利于学生成长成才。

三、践行案例:"阳光体育"背景下的高校体育文化

阳光体育指的是让学生在体育运动中体验到参与、理解、掌握及创新运动的乐趣,从而激发学生参加运动的自觉性和主动性。在尊重学生在体育运动中的主体地位的同时,重视激发学生对体育运动的兴趣,并认为体育教学过程本身就是快乐的、有吸引力的。

(一)开展阳光体育运动的背景

长期以来,学校教育受到学科中心论的影响,基本上围绕着以学科为中心、以课本为中心、以教师为中心的旧思想,严重地束缚了学生的思想,阻碍了学生创造力的发挥,严重影响了学生的身心健康,违背了体育课程标准"健康第一"的教育理念。

(二）阳光体育运动的内涵

1. 阳光体育的实质是素质教育

阳光体育的实施必定促进素质教育的顺利开展，而素质教育的实施为阳光体育的开展提供了平台，两者在一定程度上相互促进。素质教育在一定程度上要求学生摆脱课堂题海的束缚，使学生的身心得以充分放松，用多种形式的教学方式代替以往的题海战术，其中就要求学生摆脱课本束缚，多参加体育锻炼，要求学生每天必须有一个小时以上的活动时间。当然素质教育不仅仅是使学生参加体育锻炼，它是一种全面发展的教育，既要促进人的体力发展，也要提升人的智力水平，促进人的兴趣和才能、特长的协调统一。同时，也包含了人们道德水平、审美情操等方面的培养。素质教育将教育工作的重心转移到了促进人全面发展、提高综合素质上来，素质教育就是全面发展教育的进一步改进。

其中，阳光体育进学校成为素质教育的突破口，阳光体育的实施，关注的是学生身心健康的全面发展，其开展形式是多样化的，让学生在运动中享受阳光、体验参与。这不仅仅局限于平时的课堂教学，而是不限形式的多种体育运动，其更加注重学生参与的广泛性、时效性，而且它的开展和实施不受场地的制约，使学生的"要你参与"变成"我要参与"，形成一种人人参与的良好氛围，在锻炼中增加了凝聚力和团结协作精神，学生的身心得到充分放松，从而提高了学习效率。由此可见，阳光体育的实施成为学校素质教育的一大突破口。

2. 阳光体育以学校体育为主阵地

阳光体育的实施形式是多样化的，它提倡的是人人都参与、都运动的"放羊式教学"，所以阳光体育的实施使学校体育改革有了更明确的目标。所谓的好的体育教学不再是大家都参与同一种活动，而是不受场地、空间限制的人都参与自己所喜欢的多种形式的体育活动，而且还有了充足的时间保证，让学生真正"玩个够"。阳光体育所关注的是学生的参与性，学生的参与性广泛了，很多平时不愿意活动、专业素质好的学生就会脱颖而出，这也会给学校体育的专业队选拔人才带来更多的机会。学生在参与的过程中，锻炼了自己的思想品质，养成了吃苦耐劳的精神，培养了团结协作的精神，这正是学校体育所提倡的。阳光体育注重的是学生参与的广泛性，这不仅仅是学生的参与，也会带动教师的参与，师生在互动的活动中加强了交流、增进了感情，从而为创建良好的师生关系搭建了很好的平台。

3. 阳光体育为终身体育奠定基础

20世纪90年代以来，随着体育改革和发展的推进，终身体育已作为一个全新的理念被提出。终身体育的含义包括两个方面：一是指个体在生命的起点至终点期间,通过学习和参与身体锻炼,确立明确的目标,使体育锻炼成为伴随终身的习惯;二是指在终身体育理念的指引下,以体育的系统性和整体性为目标,为人们在不同时期和生活领域中提供参与体育活动的实践机会。阳光体育所提倡的是全员参与、有足够的时间作为保证的体育活动,因此它的出现在很大程度上保障了学生参加运动和掌握运动技能时有足够的时间。学生在参与的过程中得到了快乐、释放了身心、锻炼了身体、养成了习惯。任何一种行为都需要兴趣的指引,在运动中得到快乐,在快乐中锻炼身体,在参与中学会了运动技能。锻炼习惯的养成为终身体育的发展奠定了良好的基础。

4. 阳光体育强健现代学生的体质

阳光体育的指导思想就是全员参与、师生互动。运动过程中不仅增进了友谊,学生还会在潜移默化的运动参与过程中增强自己的体质。随着现代生活水平的提高,餐饮的多样化与学生饮食的单一化形成了明显的对比,生活质量提高,运动时间减少,网络游戏成了运动的替代品,学生的运动时间大大减少,学生的体质也在慢慢地减退。阳光体育的实施,使学生有了足够的时间参与运动,而且随着时间的推移,学生也会在运动中找到参与的快乐,习惯成自然,随着运动时间的增加,学生的体质就会在运动中慢慢地得到改善。

(三)阳光体育运动有效开展的条件

1. 阳光体育课是阳光体育开展的基石

在开展阳光体育时,体育课是一切学习与活动的原动力,也是基本的理论基础。只有在体育课上让学生掌握了基本运动技能、基本技术,学生体验到了运动的乐趣,激发了学生对健康的追求,使其喜欢运动、热爱健康、热爱生命,学生能更积极主动地投入其他活动中。教师的教不能代替学生的学,学生是学习的主人,只有激发他们学习的求知欲望,教给学生学习的方法,开发学生的智力,才能促使学生积极主动地开展学习活动,使课堂教学真正成为师生共同参与、共同研讨的教学过程,从而提高学生的整体素质,这是每个教学工作者共同追求的目标。只有抓好最基本的体育课,让学生真正热爱体育,真正参与到体育活动中来,才能使学生体会到体育活动的真正乐趣,让学生感受到健康的重要性。

2. 兴趣是阳光体育全面开展的导火线

浓厚的学习兴趣能调动学生的学习积极性,促使其大脑处于高度兴奋的状态,形成获取知识、探究未知的最佳心态,进一步激发学生的积极性,兴趣是促使学生主动参与运动的前提。兴趣的激发和培养可以使学生积极主动地参与到体育运动中来,这种快乐的情绪可以延续甚至感染,使学生不管是在体育课堂上还是在课间或课外活动中都能充分地发挥个人的主观能动性,积极地开展阳光体育活动。

3. 阳光教师是阳光体育运动的传播者

阳光体育运动能够促进学生的全面发展。阳光教师是使阳光体育运动广泛开展的传播者。阳光教师能用自己积极向上的乐观态度影响学生,以爱心为引领,构建一个充满快乐的班级氛围,使学生能够沐浴爱的阳光茁壮成长。阳光教师能够启迪学生的心灵,引导他们以美好的心态看待世界,以坚强的意志面对挫折,以积极的态度迎接生活,并鼓励他们积极参与学校举办的各种体育活动,即使在忙碌的时候仍能坚持体育运动,保持身体健康,这些活动为学生成为社会所需的综合型人才打下了坚实的基础。

第二节 高校体育文化的结构和内容

随着高校进入自主发展的新阶段,并伴随着经济和信息的全球化发展,以及对可持续发展的提倡,高校体育教育文化研究与建设的热潮日益高涨。然而,鉴于文化的范围十分广泛,对于校园体育文化的理解存在着多种不同的观点,特别是不加区分地罗列高校体育文化的层次的现象依然存在,这种做法不仅无助于加深认识,也给高校体育文化建设的实际操作带来了困难。为了全面了解高校体育文化,我们必须从多个角度深入探究其结构要素之间的内在逻辑关系,使其以立体、开放、丰富多彩的方式呈现。

一、高校体育文化主体形态的层次结构

在高校体育文化中,人作为文化的主体和重要载体,是最具活力的构成要素。在构建高校体育文化时,应以人为中心,重点关注人力资源的开发、管理和利用。这包括对学校师生的体育文化水平、体育道德、体育观念、体育态度、语言艺术,体育教师的业务能力、科学化训练水平、学生的运动水平、运动成绩、健身水平及体育运动中的人际关系等方方面面的教育,培养优良的体育作风,树立体育精神,同时还要发挥榜样的力量,在校园中通过树立典型宣传和灌输体育精神;积极发挥教师的示范带头作用、模范作用,为他们提供在教学、科研、训练、健身过程中展示个人魅力的机会。高校的体育文化形成、发展和特色的塑造,实质上是全体师生员工共同追求、设计和创新的主要成果。高校体育文化由物质文化、

制度文化、行为文化组成。考虑到高校内不同群体的身份和角色存在差异，从主体角度来看，高校体育文化可分为干部、教师和学生三个不同的层次。高校体育文化的最活跃的层次是学生体育文化；教师体育文化则处于稳定的中间层，是高校体育文化的主导方面；干部体育文化则以学校决策管理层为代表，成为高校体育文化整体自觉发展、主动创新的重要动力。

（一）干部体育文化

高校的决策层、二级管理单位的领导集体及系部的领导集体，构成了干部体育文化的核心，也是干部文化的主体。高校体育文化的形成与传播，深受其办学理念和教育思想的影响，同时也受到高校能否敏锐地站在时代潮流的前沿的能力的制约。正如某些学者所指出的那样，一位出色的领袖就等同于一所优秀的学府。高校体育文化的特色鲜明，离不开学校领导集体的预见和长期培育，他们对各种社会文化思潮的态度将直接影响学校跨文化交流的方式和内容，从而对高校体育文化在继承民族传统体育、吸收世界体育文明及创新方面的进程产生影响。学校的领导集体肩负着重要的责任，需要在代表先进体育文化的发展方向和管理范围上付出更多的努力，特别是在学校政治文化、道德文化和健康文化建设方面。

（二）教师体育文化

体育教师、科研人员、离退休人员等是高校体育文化中的教师主体。这些人是塑造一所高等学府社会地位和声誉的决定性因素，同时也是教学、科研、训练、健身和社会服务的主角，更是推动体育文化发展的主导力量。在大学生的成长过程中，教师的体育思想道德、体育文化修养、学术抱负及生活态度，无不对其产生着深刻而广泛的影响；在校园文化活动中，教师在教学、科研、训练、健身和社会服务等方面的活动，对学校领导层的决策也产生着深远的影响，因此我们应该充分发挥教师作为文化主体的作用。当前，教师在校园体育文化建设中的主导地位尚未得到广泛认可，而离退休教职工和其他职工的体育文化潜力未得到充分重视，然而事实上他们才是积极参与健身活动的主要力量。

（三）学生体育文化

学生是学生体育文化的主体。在校内，学生的主要任务是在教师的引导下，通过课堂和课外的学习获取体育知识、运动技能和锻炼方式，以提升身心素养。学生体育文化的形成、发展和传播，受到教师的引导和影响，这是学生体育文化的一项重要特征。学生的体育文化呈现出丰富多彩的面貌，包括但不限于教学、科研、社团、文艺、俱乐部、课外、娱乐、野外、健身、社会实践、体育文化节、体育周、体育比赛、运动队训练、讲座、竞赛、讨论、宣传、演讲、网络和多媒体等多个方面，为学校带来了无限的可能性。由于学生在体育文化方面表现出的多样性和广泛性，因此许多人将校园体育文化局限于学生体育文化层面。因为大学生的思想观念相对不受任何束缚，所以他们更容易接受新的思想、事物和观念。此外，他们也是传播各种文化时的重点关注对象，学生体育文化常常是高校跨文化交流的最前沿和最活跃的部分，也是校园体育文化中文化冲突和社会政治冲突的焦点。

二、高校体育文化质态层次结构

（一）校园体育精神文化

从生命哲学的角度看，唯一精神活动才能被称为人类生命活动的至高形态，所以也只有精神文化才能彰显出文化之生命特征。就学校文化的本质而言，其是一种学生之间精神和生命的交流过程，而非孤立的存在。校园体育精神文化就是师生在校园内经过很长一段时期营造出来的一种特定精神财富与文化氛围，主要通过体育思想观念体系、价值体系来体现。精神文化是由身体观、健康观、运动观、体育观、审美观、道德观，以及人与人之间的关系、体育意识、体育思想观念、价值取向和实践能力等构成的，它在深层次上影响全体师生的观念、理想、信念、意志、态度、感情与行为，有着深厚的哲理内涵与浓郁的人情味。所以，我们应在校园中全方位地营造一种被体育文化包围浸润的氛围，使师生产生新的观念、态度和感情，并产生一种持久效应。高校体育精神文化就是使学校焕发生命活力，体现学校体育历史传统、办学特色和体育精神风貌的学校体育精神形式，每个学校均有其校园体育文化，但是不一定每个学校都会形成或者凝结其特有的学校体育精神。学校体育精神作为高校体育文化的核心与灵魂，这种巨大的影响力、感染力贯穿学校体育的各个方面，成为汇聚全体师生的精神力量。体育传统之所以能够形成并得以维持，来源于校方和体育教师对它的关注和精心引导，而它的思想渊源则是教育者"健全人格"、忧国忧民的教育思想。

（二）校园体育艺术文化

1. 体育艺术文化的内涵

体育艺术文化与体育物质文化、体育精神文化之间有着较大的区别，体育艺术文化介于体育物质文化和体育精神文化之间。在漫长的历史文化发展过程中，体育和艺术在其发展过程中彼此不断交汇融合，形成了体育和艺术相互渗透的宽广领域。有学者指出，在远古时代体育运动对艺术文化的影响仅限于舞蹈的范围内，再晚些时候体育运动与艺术的混合性成了杂技艺术的基础。现在体育运动和艺术文化的影响越来越广泛和多样。这也是可以理解的，因为在今天，体育运动具有广泛的群众性，已进入了每个人的日常生活。作为早操、生产操、高等学校里的体育课，群众体育团体的工作形式，最后还以在露天或卫视转播节目中观看的表演形式进入每个人的日常生活。当然体育技术同物质生产技术一起要求当代艺术掌握它的资源，以使艺术语言尽可能与当代人的世界观相符。由此产生了这种新的且在短时间内成为如此普及的艺术品种，如艺术体操、花样滑冰、冰上芭蕾、花样游泳、群众体育检阅节。因此有学者曾预言，未来体育的发展将走向艺术体育。今天，在形式各异的体育比赛中，运动员优美的动作形态既可以作为"行动的艺术品"向观看者传递运动之美，同时比赛中所表现出来的奋力拼搏的精神、竞技精神、即兴创新的动作等也体现了爱国主义和个性的张扬。这种具有双重意义的表演很难用别的符号来表现，因此应该属于体育艺术文化体系。

2. 体育艺术文化的主要内容

校园体育艺术文化主要包括以下内容：体育绘画、体育雕塑、体育建筑艺术、体育表演艺术、体育欣赏。

其中，体育表演艺术具有两方面的含义：其一，校园体育活动通过体育动作来展现自身的美感，增强对美的表现力，是美育中的一个重要组成部分。其二，观看他人的演出，增强自身对美的鉴赏能力。体育欣赏是陶冶情操和培养学生体育活动积极性的一个重要环节。体育竞赛中显示出的精湛的运动技巧和拼搏精神，尤其适合观众宣泄情绪，是其他演出难以企及的。学生参与体育活动时，会在活动中追求一种尽善尽美的精神，它与艺术的追求非常类似，由运动中衍生出的"身心一致""天人合一""返璞归真""融于自然"等体现了我国哲学精神的内核。在现代生活中，体育和艺术之间呈现出广泛融合的倾向，体育逐渐从实用性向艺术性过渡，艺术则逐渐向体育领域转移，两者是一个双向互动的过程，呈现一种动态性，也是文化发展史内部方向相对、作用不同的两种历史性律动形式相辅相成的结果。

（三）校园体育制度文化

校园体育制度文化主要是指在学校体育中以文字形式表现出来的各种规章制

度和固定的制度中反映出来的各种文化。比如，学校制定的各种体育章程、法规、规章、方法、公约、实施细则等，以及办学目标、校训、教风、学风等，它们保证学校秩序的正常运行，规范着学校成员的行为、态度和作风，提倡和校园体育精神文化相统一的价值观、健康观和审美观，将学校体育风气中的体育精神文化反映在学校的各个方面。校园体育文化的先进精神若无法通过某种体系和相应机制来表达，则很难转化为体育文化的客观存在，也无法形成体育文化新风尚，更无法达到促进校园体育文化向前发展的目的。当一种新型校园体育精神文化被改造为一种制度体系时，它能够帮助先进的校园体育精神文化得到有效传播和实施，包括体育体制创新在内的高校体育教育创新实质上就是体育文化的创新。

随着经济的发展与社会的进步，当代高校教师与学生的价值观、健康观得到了很大程度的改变。但是，目前一些高校的体育规章制度仍然滞后于时代发展的步伐，成了高校体育发展的障碍，也是影响人才培养质量的一个主要原因。目前，高校体育教学正在逐步改革中，制度创新是促进高校体育发展和构建高校体育文化的必由之路，在体育创新中起着举足轻重的作用。

（四）校园体育物质文化

校园体育物质文化是以具体实物为载体呈现出来的，它包括校园体育设施、生活设施、体育场馆、校园人文和自然环境等。人类生活在特定的自然环境之中，总要试图对自己身边的环境课题做出整体的理解与全面的感知，即环境知觉。人们受环境知觉的引导，在一定的空间中从事着各种体育锻炼，而空间也在不知不觉中影响着人的心理和身体活动，两者融合对运动效果产生影响。人类出于对自然环境、社会及人类本身的认识而有意识地利用分化了空间，即空间设计。空间设计会形成不同的体育物质文化，其不仅为校园体育文化活动提供了物质保障，同时也在某种程度上限制了校园体育文化规模乃至品质的提高。体育物质文化是精神、制度文化的外显，原因有二：一是由于校园总体布局、校园建筑结构风格和校园自然生态环境等物质建设，是长期以来教师和学生审美价值的积累；二是能否自觉地接受先进体育精神文化引导，校园体育物质形态承载着截然不同的体育文化。在某一特定时期内，全体师生所推崇的体育文化体现在校园物质文化设施中，通过这些物质文化设施，人们可以很直观地看到高校有无区别于其他学校的体育文化内涵。校园体育物质文化对于丰富与升华校园体育文化生活、展示一个学校独特的气质与风格、树立良好的社会形象来说必不可少。反之，如果不注重校园体育物质文化的培养，既不利于体育教学、科研、训练和健身活动的开展，也不利于人的整体素质的发展及终身体育的形成。因此，各名校均十分重视学校体育建筑风格的塑造、总体布局的设计及校园生态环境的建设。

体育物质文化作为特殊的校园物质文化形态，它的特别之处在于学校是教书育人的空间，育人目标要求校园文化必须体现一定的教育价值。校园体育物质文化中积淀着丰富的体育文化及其社会价值，因此有着丰富的体育教育的潜在意义。学生既可以通过体育物质文化获得对环境的感知，又可以从中领悟具体的体育文化的空间设计。学生的态度、情感、健康观、价值观等都能受到一定程度的影响。

（五）校园体育行为文化

校园体育文化行为是指校园中人们的一言一行，以及日常开展的教学性体育运动、体育娱乐活动、体育消费、体育空间、体育时间的利用等。校园体育行为文化是以教师和学生的身体活动形态为主要表现形式的一种鲜活的体育文化形式，也是人们在学校日常活动中最常表现出的情绪、态度和最为直接的感受。这与上述四个层面的体育校园文化有着较大的差异。以上四个层面的校园体育文化具有资源性或者环境性功能，由内部支持校园文化的建设发展，在校园中的跨文化交流中形成一个积极的"界面"。因为校园体育行为文化是校园体育文化的外层表现，所以相对于内层文化来说，它具有更多的开放性、多元性、生活化特征。校园体育行为文化不但受到内层文化的作用和影响，同时也会受外界环境，如体育艺术文化和大众文化的影响。校园体育行为文化反过来也会对内层文化产生影响，它一方面承受着内层文化的作用，另一方面又潜移默化地改变着内层的体育文化。校园体育文化恰恰是在内外层文化这样经受外界影响再做出改变的过程中的结果，它在各层面之间固有的矛盾运动之中不断地获取发展动力。

三、高校体育文化中职能形态的层次结构

高校体育文化所传递的文化信息一般都会因为学校各部门的分工不同产生不同的功能性特点，这就使得文化渗透的影响方式也会有所不同。根据职能特征可以将体育文化划分为体育决策与管理文化，体育教学、学术、训练、健身文化与体育生活娱乐文化三个层面。

（一）体育决策管理文化

学校体育决策与管理的理念、制度、方式、结构、原则与行为等，构成了体育决策管理文化的核心。根据理念、制度、方式、结构、原则和行为的不同，所

做出的决策和管理也是不同的,所呈现出的体育价值观和体育文化的意义更是具有很大的差异,对于校园文化的形成和发展所带来的影响也是截然不同的。通过学校的决策与管理,人们得以深刻领略一所学府所呈现出的体育文化的精髓。因此,决策与管理文化在高校体育文化中扮演着至关重要的角色,它不仅是一个独立的文化层次,更是校园体育文化的核心。

(二)体育教学、学术、训练、健身文化

体育教学、学术、训练、健身文化是通过教学、科研、训练与健身行为、结果和制度等方面相互交织、相互渗透、相互促进而形成的文化现象。校园体育文化的核心是体育教学、学术、训练与健身,它们也是高校体育文化和其他文化之间的主要区别。体育文化中,体育教学、学术、训练和健身是至关重要的层次和主题,只有拥有良好的体育教学、学术、训练和健身文化,才能为高校提高办学层次、办学水平和保证办学质量提供必要条件。当体育教师将自身的学术生命视为至高无上的目标时,他们的学术追求便会转化为强大的体育精神动力,从而形成具有敬业精神、良好教风和训练作风及健康至上的教育教学观念。随着创新教育的蓬勃发展,必然会涌现出越来越多的优秀人才。良好的学术文化同样可以为大学生在学习创新、提高素质、建设良好学风、考风与健身风的过程中提供强大的精神动力。不同学院、课程在不同高校或同一学校中呈现出独特的教学、学术、训练和健身特色,同时科技文化和人文文化也各有其侧重点。校园文化的构成要素包括体育教学、学术、训练和健身文化,其中体育文化、科技文化和人文文化相互交织,形成了一个完整的文化体系。

(三)体育生活娱乐文化

所谓体育日常生活娱乐文化,指的是除了工作和学习,师生日常生活中在闲暇时间采取的一种与体育有关的生活方式,它是体育文化现象的一种。所谓日常生活,是"指同时使社会再生产成为可能的个体再生产要素的集合"[1],日常生活体现着人的生命价值,人在社会中不再仅仅具有工具型价值,它是个体对世界的参与、融入和认同,对各种文化的延续起到了重要的促进作用。人类的生活价值观深受体育文化的渗透和影响,其影响力不可小觑。身体的运动不仅是生活的象征,更是文化积淀的重要载体。根据1978年联合国教科文组织颁布的《体育运动国际宪章》,体育作为一种提高人类生活品质的手段,具有不可替代的作用。

---

[1] 张涛轩、杨学慧、阎妍:《高校学生思想政治教育与创业指导》,中国商务出版社2019年版。

作为学校主流文化外的一部分，它与体育决策与管理文化、体育教学、学术、训练及健身文化相互交织、相互渗透，形成了一种紧密的互动关系。体育生活娱乐文化在学校中广泛存在，其表现为各种有组织或自发的活动，呈现出高度的灵活性和分散性。校园体育生活娱乐文化、大众文化与艺术文化的相关内容呈现出一定的重叠和交叉，但同时也展现出独特的特色和风格。

高等学校是层次较高的教育教学单位，其具有三个重要特征：积聚着许多高级人才、传播媒介相对完备、师生文化层次相对较高。由于处于社会文化潮流的最前沿，学校师生对各种社会现象、体育现象、社会思潮表现出了高度的洞察力和敏锐的感知能力，提升了关注度。特别关注科技和社会的进步，表现出对美好事物的自觉和理性的追求。高校肩负着培养人才、创新知识、服务社会的职能，其主要工作为开展教学、科研、训练和健身等活动，这些活动将深刻影响师生员工的体育思想和行为方式，校园体育文化因此呈现出独特的学术性特征。在大学校园里形成了一种独具特色的校园文化——学术性文化。校园体育文化以学术性为特色，融合自然科学、社会科学、人文科学、体育科学、生命科学与生态科学，推崇科学精神与人文精神的完美结合，因此科学性是校园体育文化不可或缺的核心特征。在校园体育文化中，学术性活动所倡导的尊重民主、推崇"百花齐放，百家争鸣"的理念，以及倡导兼容并蓄、开放多元的学术环境，都凸显了民主性这一不可或缺的本质特征。

第三节　高校体育文化的特征和功能

一、高校体育文化的特征

（一）指导性特征

高校体育活动不是随机开展的，高校体育文化不是一个虚空的事物，后者有其存在的重要意义，并对前者产生重要影响，即高校体育文化具有指导性。具体来说，可以从以下两个方面理解高校体育文化的指导性。

首先，高校体育文化的指导性受体育发展程度的影响。例如，近现代，因为我国体育事业发展落后，国民体质较差，所以我国高校体育文化的重点是"强国护种"的政治目的。在我国近现代历史中，有许多教育学家都认可此观点，故有"强国之道，首重教育，教育之本，体育为先"的说法。这种理念影响了几代中国人，特别是中华人民共和国成立以后，国家虚空、百废待兴，国民体质也普遍较为虚弱，这种情况不利于国家建设。根据当时的实际情况，党和政府决定将为国防和生产服务定为高校体育的基本目标，进而提出了"锻炼身体，保卫祖国""锻炼身体，建设祖国"的口号。而西方体育发达国家则更重视体育的强身作用。高校体育文化的目的是通过体育运动的方式提高学生的身体健康水平，并以体育运动为手段增强学生的心理健康度和与社会融合的适应度。除此之外，高校体育文化还注重培养学生的竞争意识和自我个性。我国与西方高校体育文化指导重心的差别不仅仅是东西方文化的差异，更是不同社会环境中政治赋予体育意义的差异。

其次，高校体育文化的指导性并不是永恒的，它会根据时代的不同和社会主流价值观的变化而发生变化。在现代社会，随着社会对高素质人才的要求不断提高，学校体育培养学生的目的也与以往不同。例如，20世纪90年代以后，随着我国社会经济的不断发展，人们的观念日益开放，人们更加了解自己，也更加了解国外体育文化。在这种有利时机下，东西方体育文化的交流让我国高校体育文化汲取了诸多有益的经验，西方先进体育思想被引入我国，我国也对体育教育进行了大胆改革。一方面，社会大环境改变了高校体育文化；另一方面，高校体育文化的改变也可以引导在这种高校体育文化影响下成长的学生的思维与观念，二者互相促进，推动了我国体育教育的良性发展和高校体育文化内容的完善。目前，"以人为本""健康第一"和"快乐体育"等体育教育思想正成为顺应素质教育大背景下我国高校体育文化发展的新型指针，为学生的健康发展指明了方向。

（二）表现性特征

社会文化的表现与传承具有多样性，如诗歌用文字来表现，酒文化通过酒的实物来传承。许多社会文化虽然被传承下来，但它的观念已经变得模糊不清。高校体育文化通过身体素质来体现，不同的体育运动项目由于运动方式的不同产生了不同的身体形态。

学校体育教学中多采用动作示范的方法进行教学，体现出身体是传承高校体育文化的主要方式。高校体育文化的传承也包含语言的表现功能。例如，身体运动的动作类似于语言中的语音，身体运动的技巧与方式类似于语言的词汇，身体运动的动作衔接类似于语言的语法，只有三者有机地结合起来才能有效传承高校体育文化。

（三）民族性特征

不同的民族有不同的体育文化，因此不同民族的高校体育文化也必然具有一定的差异，这就是高校体育文化的民族性特点。

高校体育文化的民族性主要表现在开展项目不同、同一项目的活动理念不同两个方面。例如，在我国不同民族聚集的地区，高校体育文化表现出较大的民族性特点，这与我国各民族传统体育受各自地域和民族习惯的影响较大有关，在此地域或民族群体中存在的学校，其高校体育文化必定有相应的特点。

再如，中外学校开展的体育活动项目也有所不同。美国高校体育文化鼓励培养学生的个性，崇尚关键时刻能够有决定性的人物站出来主宰比赛，其体现在篮球、橄榄球和冰球等体育项目中。而我国的民族性格主要以儒雅、谦虚为主，崇尚个人的利益服从集体的利益等理念，这使得开展的体育项目更注重这些理念的发挥。此外，我国各级学校还开展了一些民族传统体育项目，如跳长绳等民族体育项目，这些活动都体现了团队协作精神。还应该认识到，尽管中外体育活动中都包含了足球、篮球等项目，但活动本身所追求的理念并不一致，这些不一致正体现了高校体育文化的民族性特征。

高校体育文化的民族性丰富了高校体育文化的内容，也推动了体育文化的传播和发展。体育文化传播的灵活性较大，而且它着重强调保持和发扬民族传统体育，如此便能从多层面、多角度来构筑传播民族传统体育文化的平台，所以这对于我国民族体育文化的推广和发展是十分有益的。

（四）传承性特征

高校体育文化的传承性具体是指民族体育文化的接续与传承。随着社会的变革和时代的发展，现代高校体育文化的内容和思想都充满了时代感，它与我国最初的高校体育文化相比早已千差万别，尽管如此，我们仍旧可以从不同时代的体育文化和高校体育文化中发现种种文化传承的痕迹。

（五）多样性特征

体育教育的多样化要求和体育活动形式的多样性，决定了高校体育文化的多样性。当前的体育教育以培养学生体育精神、体育意识和体育技能为宗旨。在此宗旨的指导下，各地可以开展种类新颖、形式各异的高校体育文化活动。这些活动使高校体育文化更加丰富多彩。高校体育文化的主要性质的结合及其价值具体表现在以下三个方面。

1. 理论与实践的结合

理论与实践的结合，具体是指通过较多的体育运动实践来检验平时所学的有关高校体育文化的理论知识是否为真，并且将得出的感悟和想法反馈到理论中去，由此形成良性循环，不断促进高校体育文化的可持续发展。

2. 健身与文化的结合

体育运动的健身价值与文化价值决定了高校体育文化必然要体现健身与文化的结合。

3. 民族与世界的结合

民族与世界的结合是通过高校体育文化活动中的民族运动项目来达到的。从实践来看，高校体育文化的发展也确实能够起到弘扬民族体育文化的作用，使之得到广泛传播和发展。

二、高校体育文化的功能

（一）健康功能

1. 改善身体机能状况

高校体育活动形式各样，不同形式的体育活动对师生都有很强的吸引力，都能使师生加入体育锻炼的队伍中来。事实上，高校体育运动之所以对师生具有吸引力，主要在于其具有突出的健身功能。师生经常参与体育锻炼，身体器官抵抗疾病的能力就会不断增强，从而更好地保持健康。作为高校体育文化的基本功能，健身功能受到了高校广大师生的重视。高校体育文化的主体参与各种体育文化活动的主要动机就在于提高与改善自己的体质与健康水平。学生在参与体育活动的过程中，血液循环逐渐加快，心脏功能不断提高，呼吸系统功能逐步得到改善，骨骼、肌肉也会快速发育。对于处在生长发育阶段的青少年学生而言，积极参加体育锻炼有利于终身体育锻炼习惯的养成。

促进机体的生长发育和运动能力的提高也是高校体育文化的重要功能。无论人们参加哪种体育运动项目，都离不开肌肉的运动，因此肌肉发育的好坏对人体运动能力的强弱有直接的影响。如果人体肌肉发达且结实，那么其劳动能力和运动能力就相对较强。体育锻炼能够使学生肌肉的血液供应情况得到改善，可以促进肌肉内营养物质，尤其是蛋白质含量的增加，可以使肌纤维变粗，从而提高肌肉的工作能力。学生在参与体育锻炼的过程中会消耗很多能量，产生大量的代谢产物，新陈代谢和血液循环速度也会不断加快，身体机能水平也会不断提高。此外，高校体育有利于调整学生的心理状态，使学生保持舒畅、愉快的心情，摆脱不良情绪的困扰，从而充满朝气，活力四射。

2. 疏导心理的积郁

高校体育文化有利于促进学生良好个性品质的形成和积极心理状态的保持，这就是其心理疏导功能的主要表现。高校体育文化活动充满刺激、娱乐和欢快的元素，因此有利于丰富学生的精神生活，能够缓解学生因学习压力大而产生的紧张心理，可以使学生保持愉快的心情、饱满的情绪及旺盛的精力。高校体育营造了良好的精神氛围，这有利于协调高校内人与人之间的关系，缓解学生的不良情绪。高校体育活动不但能够使学生各种正当的、合理的体育活动需要得到满足，同时还能够促进学生心理的健康发展，使学生形成良好的个性心理品质和行为规范，保持积极健康的心理状态。

3. 培养健康的生活方式

很多因素都会对个体的生活习惯和生活方式产生影响，如生活环境、成长历程、经济条件、受教育程度等。高校体育文化为学生提供了良好的体育生活环境，在这一环境中，青少年学生能够保持充沛的精力，充满求知欲，并能够快速接受新鲜事物。高校体育还有利于丰富学生的业余生活，使学生养成积极健康的生活习惯。

首先，经济的发展与社会的进步使人们的需求不断增加，单纯的物质生活已经难以满足人们的多元化需求。在接触体育活动后，人们会渴求健康，希望通过体育锻炼来完善自我，获得健康的身体和优美的形体。其次，体育活动不仅能够帮助人们保持身体健康，还能够提高人的生命活力，进一步拓展生命的意义。除此之外，高校体育文化还有利于促进学生身心健康发展。体育活动充满竞争与趣味，其鼓励人们积极进取，倡导人们在竞争的同时体验活动的乐趣，这对于培养人的拼搏精神和缓解人的心理压力具有重要的意义。最后，学生的心理素质还不够完善，很容易因为受到一些因素的影响而产生不良心理状态，而体育活动对于缓解学生的不良情绪与心理状态具有积极的作用。

（二）教育功能

1. 育人功能

高校体育文化对人的影响是潜移默化的，这也是高校体育文化与其他高校文化的一个不同之处。高校体育文化的育人功能主要从以下两个方面反映出来：第一，学校通过开设体育课程将体育知识、技能传授给学生，促进学生知识的丰富与技能的提高；第二，学校组织开展多种形式的课余体育活动，以此来改善学生的知识结构，促进学生个性的发展、物质与精神生活的丰富、社交需要的满足，并培养学生的交际能力与合作精神。由此可见，高校体育文化在培养人才方面具有全面性的作用。只有充分发挥高校体育文化的育人功能，才能更好地培养适应社会发展需求的全面型人才。

作为社会文化系统的重要组成部分，高校体育文化具有鲜明的高校特色。学校的文化环境相对而言是比较独立的，因此高校文化体系也具有相对独立性。在学校中，高校文化以无形的力量推动全校所有人员的进步与发展，向每一个人施加教育方面的影响，这是高校文化的重要价值取向。高校体育文化是高校文化群中的一个重要组成部分，高校文化的特征在高校体育文化中也有突出的表现，因此二者的价值取向是相通的。高校体育是师生共同参与的体育活动，高校体育文化对师生，特别是对学生的教育就是在文化主体参与高校体育活动的过程中完成的。高校体育文化教育功能的发挥有助于对师生的智力结构进行改善，有助于学校人类理性精神和人文精神的发扬，有助于对师生的潜能进行开发，同时有助于学校教育目标的顺利实现和对素质教育的进一步贯彻。总之，在师生思想品质和身心素质培养方面，高校体育文化具有得天独厚的优势。

2. 激励功能

高校体育文化具有一定的激励功能，其能够使高校内每个成员的学习与工作动机得到强化，能够对高校人员的学习与工作的积极性、主动性和创造性进行调动与激发。一些人以"运动机器"来称呼运动员或高校体育积极分子，而且在高校竞技运动中以"运动成绩论英雄"，这些都是不值得提倡的。高校体育文化能够使学生的事业心和责任感不断增强，也能够使学生以饱满的精神和积极的心态参与学习，所以我们应该引导全校人员树立共同的体育目标、体育价值观、体育理想、体育信念，从而进一步促进高校体育文化的繁荣发展，并为我国体育事业的迅速发展培养优秀的人才，使高校体育文化和体育事业紧密结合，共同进步，共创辉煌。

事实上，高校体育文化的激励问题是一个使主体需要不断得到满足的问题。高校体育文化为高校人员创设了和谐的体育氛围及人际关系，高校人员在这一环境与氛围中能够获得精神方面的满足。同时，高校体育文化也为高校人员提供了良好的体育文化享受空间及创造空间，在这一特定的空间中，高校人员可以利用现有的体育场馆设施、体育器材等满足自身参与体育活动需要。此外，高校人员在参与体育活动的过程中，其体育人生观与信念会不断得到强化与升华，这也是高校体育文化激励功能的重要反映。

3. 智力促进功能

所谓的智力，就是指人体集中精力以稳定的情绪敏捷地从事艰难、复杂和创造性活动的能力。青少年时期是智力快速发展的阶段，高校体育文化活动有助于促进学生智力的发展。研究证实，经常参与体育活动，可以保证大脑能源物质与氧气供应充足，因而可以使大脑神经细胞得到充分发育。另外，不同的运动动作具有不同的性质，不同性质的运动动作对大脑神经系统的刺激也是不同的，各种运动动作能够不同程度地提高运动参与者大脑皮层细胞活动的强度、灵活性、均衡性，从而使整个大脑神经系统的结构、功能得到改善。学生参与各种形式的高校体育活动，能够快速消除大脑疲劳，使头脑逐渐清醒，精神更加充沛，这对于提高学习效率具有积极的意义。体育活动还能够提高与增强学生的感知力、思维力、想象力、注意力、记忆力等。

4. 凝聚功能

目前，人们非常关注高校体育文化的凝聚功能。高校体育文化是连接高校、人员和体育的重要纽带，其发展的目的是将个体目标整合为学校体育的总目标。

作为一种群体文化，高校体育文化的构建必须借助群体的力量完成，由群体共建的高校体育文化反过来又影响着每个个体，使个体将学校体育行为风尚内化为自我要求。人们在不同的阶段所参与的体育活动是不同的，因此人们所了解的体育文化也是有差异的。随着时间的推移，人们掌握了越来越多的体育知识，对体育的认识也越来越深入。不同时期的体育活动对人们产生的影响也是不同的。学生在不同教育阶段所参与的体育活动都会对其社会化发展起到积极的影响，如高校体育对学生的社会认同感、团队意识进行了培养，使学生树立了平等、公正和竞争的体育理念，并学会遵守规则。因此，从客观上来说，高校体育文化规范了学生的行为方式，有利于学生养成良好的体育锻炼行为习惯。

在学校体育中，各种类型的体育活动大都是以集体的形式组织的，如体育课、早操、课间操、课余运动训练、体育竞赛等。它们基本上是以集体（班、组、队）为单位来组织的，每一个参与者的体育行为都会对集体的得失与荣誉带来影响。集体性的高校体育活动对学生具有重要的教育意义，对于学生群体意识和集体主义观念的树立具有积极的推动作用。学生在参与集体活动的过程中，会逐渐树立热爱与关心集体、服从与维护集体的意识，这也是高校体育文化凝聚功能的一个重要体现。

集体性体育活动需要多名学生共同参与才能顺利进行，这就要求参与者具有高度的协作意识与配合能力，任何一名参与者的失误都会对最终的运动成绩造成影响。而参与者只有通过长时间的练习才能够形成默契的配合。在长期的练习过程中，学生之间相互帮助、互相理解，友谊会不断加深。此外，学生在练习的同时也会树立以集体利益为主的大局观，并会在训练与体育竞赛等实践活动中为一个共同的目标而努力拼搏，为集体的荣誉而奉献自己的力量。学校开展丰富多样的高校体育活动，营造高校体育文化氛围，有利于进一步加强高校体育对广大师生的吸引力，从而使师生积极参与到各种体育活动中。师生在参与活动的过程中，彼此间的感情逐渐加深，集体意识也逐渐得到强化，这对于提升高校团体的内聚力具有积极的意义。

高校体育文化之所以具有强大的凝聚力，主要是因为每一位高校人员都普遍认同高校体育、理解高校体育。体育活动为团体成员之间相互沟通和相互理解提供了良好的机会，团体成员可以在活动过程中彼此信任，共同为团体荣誉而奋斗，共同维护他们之间的友谊。校内体育竞赛能够增强班级、团队的凝聚力，校际体育比赛可以提升一个学校的凝聚力，同时能够不断强化全校师生员工的责任感、荣誉感和归属感。

（三）情感功能

1. 娱乐功能

体育是一种积极健康的文化娱乐方式，也是一种非常重要的精神文化活动，它已经成为高校人员现代生活中不可缺少的一部分。高校体育文化能够调节学校成员的生活方式和精神状态，使学校成员的体育需要和愿望得到满足，能够促进高校人员身心的健康与愉悦，使高校人员保持积极饱满的精神状态。体育是一种要求参与者身体直接参与的活动形式，学校师生在参与高校体育活动的过程中，与身体最为密切的人格要素（如健康、力量、素质、审美、智慧、性格等）都会得到不同程度的锤炼，并会感到有一股力量在激励自己不断奋进。由此可见，高校体育文化有利于营造协调、美好的高校生活氛围。师生在这样一种高校文化氛围中生活，自然会受到感染，其个性品质、能力都会得到不断完善，精神境界也会得到一定的升华。

2. 审美功能

高校体育文化的审美功能是无形的，我们可以从学生的情感体验中看到高校体育在审美方面的价值与功能。"更快、更高、更强"是体育运动不懈追求的价值目标，高校体育文化同样将此作为追求目标，"更快、更高、更强"集中体现了体育的"美"的特质。具体来看，高校体育文化的审美功能主要体现在以下3个方面。

（1）体态美

高校体育文化有利于启发与提高学生的审美意识，促进学生的体态不断向着"美"的方向发展。这主要表现在以下三个方面。

第一，学生通过参与体育锻炼，可以更好地展现身体的协调性、灵巧性与表现力，充分彰显青春魅力。体育活动能够进一步增强学生的自信心和不断提高学生创造美的能力；第二，体育运动富含美的元素，强劲有力的动作、风驰电掣的速度、结实健美的躯体、娴熟的技巧无不展现着运动之美；第三，体育运动有助于培养学生正确的审美观念。在参与体育运动的过程中，人们会逐渐以健美作为自己的生活标准，从而改善自己的服饰搭配，提升自己的仪表风度。高校体育在美化学生形态和心灵方面具有积极的影响，能够使学生高层次的美的需求得到满足。

（2）鉴赏美

高雅的高校体育文化活动还能够创造各种美，如语言美、心灵美、行为美等，这些美的元素有利于提高学生对美的感受能力、鉴赏能力、表现能力及创造能力。同时，高校体育文化的美育功能还能够帮助学生抵制低级的、腐朽的审美情趣，从而引导学生树立正确的审美观念。

（3）运动美

高校体育教育有机融合了体育与美育，将体育的运动美充分地展现了出来。如体操、健美操、体育舞蹈、花样游泳等，这些体育运动项目本身就具有高度的艺术性，体育运动的竞技美、技术美和动作美在这些项目的技术动作中得到了充分的反映。

3. 陶冶情操功能

高校体育文化具有陶冶情操的功能，这主要体现在以下两个方面。

（1）陶冶情感品质

高校体育文化有利于培养学生良好的情感品质，这主要是通过情绪的自我调节和情感的自我优化而实现的。高校体育有利于培养学生顽强的意志品质，使学生遇事更果断、遇到困难更坚毅、遇到不良诱惑更具自制力。各种高校体育活动的举办有利于创建团结活跃、朝气蓬勃、积极向上的文化氛围，有利于素质教育在体育领域的进一步落实。

（2）陶冶思想修养

高校体育文化活动对广大学生的影响与教育是通过文化氛围、激励机制、实践活动等因素实现的，高校体育文化对学生具有很强的感染力，使学生能够积极主动地投入体育锻炼的环境中。学生在这一环境与氛围中既学到了体育知识，又锻炼了身体；既丰富了自己的生活，又锻炼了自己的运动能力和组织能力，还形成了良好的竞争与合作精神。例如，体育竞赛活动能够使学生懂得自尊、自爱、自强，可以强化学生的竞争与合作意识；体育讲座能够使学生树立积极健康的健身观念；体育实践活动能够促进学生意志力的增强和良好个性的形成。由此可见，学校可以针对不同学生的不同需求来组织体育活动，从而有针对性地提升学生的思想修养。

第三章　高校体育文化建设

如今高校体育文化建设是高校体育发展中不可忽视的关键问题，本章主要就高校体育文化建设展开论述，主要从高校体育文化建设的发展现状、高校体育文化建设的内容与形式、高校体育文化建设的要求及高校体育文化体系的建设四个部分做详细介绍。

第一节 高校体育文化建设的发展现状

一、高校体育物质文化的发展现状

物质文化是高校体育文化发展的基本保障，缺少这一物质基础，体育活动将无法正常运行。高校体育物质文化内容丰富，具有代表性的有体育建筑、运动设施、运动器材、体育雕塑、体育吉祥物、体育标语、体育图书、体育音像资料等，这些内容凝聚和展示了高校全体师生员工的知识与智慧。这些客观的外在实物在潜移默化中深入学生的内心。这些体育物质实物都具有实际作用，如体育建筑、设施、场地和器材等都是师生参与体育教学活动和课余体育活动的重要场所和载体，是改善和提高学生物质文化生活的基础设施，其建设状况、设计水平和文化内涵反映了高校体育文化的发展水平。

（一）高校体育场地设施现状

体育场馆、器材等设施是开展体育教学活动的基本载体，因此其质量状况直接影响高校体育文化的发展。通过对部分高校进行实践考察和调查统计，笔者发现，多数高校的体育场馆、器材不仅未达到教育部规定的相关标准，而且无法达到满足高校体育文化理论与实践研究和竞赛、课外体育，甚至体育教学的需要。这势必会阻碍高校体育文化的整体发展。目前，造成高校体育场馆、器材不足的原因主要有以下三点。

第一，我国幅员辽阔，在经济发展的过程中难免会出现地区发展不平衡的情况。在此情况下，各地各级领导对大学体育的任务、目的、地位的认识有诸多偏差，甚至并不重视高校体育文化的开展，对其放任自流，这种态度使高校不注重对体育方面的投入，因此体育场馆、器材难以满足学生的体育需求。

第二，一些高校为追求短期利益和荣誉，提高自身知名度，往往重眼前、略长久，以牺牲大部分学生的长远发展换取学校在高等教育市场中的有利位置。另外，盲目扩招也使高校体育优质资源变得日益紧张。

第三，虽然许多高校的体育场馆、器材比较齐全，但是在运行过程中担心设施的维护保养费用支出过高，因此便以减少向学生开放的次数，甚至不在重要的时刻根本不开放的方式应对，这也是高校体育场馆、器材不能满足学生锻炼需求的一个重要原因。

（二）高校体育物质环境现状

高校体育物质环境直接影响学生的体育兴趣和体育参与动机。学生体育价值观念的可塑性很强，他们对体育价值的认识还处在表层、初始阶段，充满活力的高校体育氛围和良好的体育环境本身就具有一定的教育功能，这些有利因素可以培养学生正确的体育观念，提高学生的体育文化素养。因此，营造良好的体育教育环境，尤其是具有最佳感官刺激效果的高校体育物质环境，往往能够潜移默化地提高学生的体育文化素养。

在现代信息化的社会环境下，学生主要通过体育图书资料和网络资源来了解和接触体育相关信息，但是只有少数高校会将学校的体育信息主动放到高校网和学生论坛中。此外，当前大部分高校缺乏体育物质文化环境的主动创新意识，体育宣传途径较少、宣传方式较单一、宣传意识较差、力度较弱，这样的环境很难促进高校体育教育目标的实现。为了改变这种不利现状，在当前环境下，体育部门领导和教师应主动与团委、宣传部、学生处、基建处等职能部门协调，加强高校体育物质环境建设。

二、高校体育精神文化的发展现状

实践证明，拥有良好的高校体育文化氛围，可以使高校变为一个在一定区域内集成的具有普遍自觉性的体育文化小群体。每一个身处在这个小群体中的人都普遍具有相似的体育观念和体育行为，而加入这个群体的人均会被这种氛围所感染，受其影响，更多的人会加入这个群体中，最终充分发挥与实现体育的教育功能等。由此可见，高校体育精神文化是高校体育文化的核心。

下面主要从体育观念、体育道德和体育精神等方面来探讨高校体育精神文化的发展现状。

（一）体育观念现状

体育观念指的是体育教师与学生对体育在健身娱乐、提高心理素质、培养智力等方面的价值的认定。如果体育观念正确，则可以指导体育教师和学生在高校中采取恰当的体育行为。也就是说，体育教师和学生对体育在健身娱乐、提高心理素质、培养智力等方面所体现出来的价值认识程度直接反映了其体育观念。

目前，广大体育教师和学生对体育观念的认识大多停留在表面上，对于体育对人的深层次影响，很多人还是表达不清，也无法完全领会。此外，很多学生，甚至体育教师都无法清楚阐明体育观念的具体内容，只有少数师生可以将持有的体育观念付诸行动。由于很多离退休职工能够认识到体育对于保持身心健康的重要性，反而能够对体育在人的生理、心理健康中的作用、方法等有一个较为清晰的认识，他们采取的健身方式主要有晨走、散步、秧歌舞、跑步、健身体操、太极剑、太极拳、太极健身球等。

总而言之，目前部分学生的体育观念缺乏内涵、运动基础不扎实。令人欣慰的是，学生的可塑性很强，只要稍加引导，并对相关内容加以学习，他们就可以理解体育文化中更深层次的内容。而在当前社会竞争日益激烈、高校体育与社会体育日益接轨的环境下，如果对学生体育观念的培养仍停留在原有基础上，学生就很有可能失去对体育运动的兴趣，更为严重的是，如此一来，高校体育精神文化环境的建设与发展也只能停留在表面上，无法取得深远发展。

（二）体育道德现状

在现代社会中，道德危机带来了比新技术和新知识更严重、更紧迫的挑战。随着现代社会财富的急剧增加，贫富差距的急剧加大，人们的心理状态发生了较大的转变，因此在现代社会中，道德培养对于学生而言极为重要。实践表明，高校体育文化对培养学生的体育道德具有独特的作用。体育道德能够反映学生的人文素质状况。学生在参与体育运动的过程中体现出的道德水平非常真实和客观，它是学生内在的体育意识、观念及价值等的具体表现形式，其在团队性体育运动中展现得淋漓尽致。如在足球比赛中可以通过观察学生的责任感、公平意识、规则遵守情况等来考查学生的体育道德情况。

相关研究表明，我国大学生体育道德基础较好，道德水准较高。其主要表现在体育运动中基本没有功利主义色彩，能够按照公平竞争、团结友爱、遵守规则、重在参与的原则参与比赛，并且表现出强烈的集体荣誉感和爱国主义精神。在体育活动和锻炼中，他们能够做到互谦互让、积极参与、遵守纪律、表现自我、实现自我。

学生参与体育活动，重在锻炼、学习，提高素质，在这种环境中能够有效培养和提高学生的体育道德素养。但是，我们也应该认识到，在开放的高校环境中，学生会因为受到家庭、学校、社会等各种复杂因素的影响，而在体育道德方面表现出一些不足，如学生在体育运动中表现出缺乏责任感、缺乏团结合作精神、以自我为中心、不尊重裁判等。因此，我们要根据当代学生所处的成长环境，切实深入了解他们的成长经历，了解他们的心理需求，对其进行科学合理的体育道德教育，充分利用体育文化氛围来感染和影响他们，从而提高其体育道德水平。

(三)体育精神现状

体育精神包括竞争、拼搏、意志品质、团结协作、奉献、遵纪守法和创新等精神,这些精神对学生的终身发展十分有益。在高校体育文化建设中,奥林匹克文化是非常有必要提及的一个内容,应向学生弘扬奥林匹克精神,促使他们将"更快、更高、更强"的理念作为人生的追求。此外,学校对学生公平竞争、拼搏奉献等精神的培养,也都无一例外地体现了高校体育文化对培养学生体育精神的要求。

高校体育精神的培养直接受学校体育传统、地域、民族及学生性别等因素的影响。其中,学校体育传统和学生性别的影响最大。比如,体育文化内容的学校能够积极培育学生的体育精神,而尚未形成体育传统的学校,学生感受不到体育精神的渗透,感受不到高校体育给他们学习与生活带来的影响。

另外,在体育运动中,大多数学生可以做到遵守规则、服从裁判和尊重对手,但他们在体育运动中的创新能力较弱,这使得他们的体育活动看起来就是规规矩矩的活动,从而不利于他们创新思维的发展。因此,各高校应当营造浓厚的体育创新文化氛围,要求学生在运动过程中积极思考,发挥自己的聪明才智与想象力。

三、高校体育制度文化的发展现状

高校体育制度文化是高校体育组织形式和体育意识的集中体现,其内容丰富,可以说,几乎所有与体育教学活动有关的事物都有体育制度的存在,它的主要作用是正确地指导体育行为。

高校体育活动的有序开展需要有相应的管理制度做保障,因此一个完善的高校体育管理体制和健全规范的体育规章制度无疑会成为高校体育文化建设和发展的保障,同时也是高校体育文化管理和文化活动的准则。在活动中,它成为约束与规范学生体育行为的基本原则,也正是受到这些体育制度的约束,学生才能在这种"局限"下慢慢养成依规则行动的意识和习惯。

在社会中,法律就是制度,因此高校体育制度文化有利于培养学生的社会适应能力和遵守公共道德的素质。为了更加全面地了解高校体育制度文化对高校文化发展的影响,下面主要分析高校体育传统和高校体育制度的发展现状。

(一)高校体育传统现状

体育传统是指学校在体育方面形成的一种带有普遍性、重复性和相对稳定性的体育行为风尚。

高校体育传统活动的主要内容包括校际运动会、校内学生体育联赛等。大部分学校重视课余体育训练，也能够针对高水平运动队和普通学生运动队的不同特点安排相应的运动训练并组织学校运动队参加校外体育竞赛。但是，一部分学校并不关注体育节等活动的开展，这反映出高校体育活动组织者还没有形成这方面的意识。实际上，体育传统对高校体育文化的建设与发展具有极为重要的作用。

（二）高校体育制度现状

为了保障各类体育文化活动的顺利进行，必须严格制定和实施高校体育规章制度，因此要协调安排各部门、各层级高校主体的工作，最大限度地发挥相关人力、物力和财力的作用。

相关研究表明，大多数高校能够根据本校的体育教学活动、校内体育竞赛、运动队训练和竞赛、体育教师管理、场地器材设施管理等方面的需要建立相应的体育制度，但很多高校的体育制度文件内容基本相同，没有以自身现状为依据建立更加具有针对性的制度，已制定的制度也无法充分落实，这就难以保障体育工作的顺利进行。同时，少数学校不重视体育工作，没有按照国家对学生体质健康标准的相关要求进行体质测试，测试成绩也未纳入学生评优和毕业要求。总体而言，虽然高校基本具备国家下发的相关体育政策文件和维持学校体育工作的体育制度，但随着高校体育工作现代化、信息化、社会化发展趋势的加强，高校的体育制度已远不能满足当前需求，因此需要进一步宣传与强化依法治校的观念。

第二节　高校体育文化建设的内容与形式

高校体育文化建设包含多方面的内容，并表现为多种形式，有体育课、课外体育活动、课余体育训练、体育竞赛、体育文化节等。本节主要就以上几种常见的高校体育文化建设的内容与形式进行论述。

一、体育课

（一）理论课建设

建设高校体育理论课的基本思路是，向学生讲授相关体育文化知识、体育卫生保健知识。通过向学生传授体育文化知识，学生能够对体育对人类社会、国家、自己未来生活和工作产生的重要影响有更加深刻的理解，从而使学生能够积极地参与到体育学习中来。通过向学生传授体育卫生保健知识，学生能够对健康的重要性和保持身体健康所需的环境有一个准确的认识，从而掌握一些基本的保健方法，并且更自觉地爱护环境、保持健康。此类理论内容要力争与学生现实生活中可能遇到的实际问题保持密切联系。不仅如此，在理论课建设中，对这类内容的选择要切忌简单无逻辑地罗列知识，而是要注意紧跟当前社会重点发展潮流，精选针对学生有重要意义的体育、保健知识来组织教学内容，并注意结合运动实践来组织建设。

（二）实践课建设

1. 田径

田径运动与人的走、跑、跳、投等基本活动能力有内在关系，所以被誉为"运动之母"。通过此项教学内容，学生能够了解田径运动，理解田径运动在锻炼身体中的意义，使学生明白跑、跳、投等的基本原理和特征，并让他们掌握一些基础性、实用性较强的田径运动技能，学会用田径运动来了解增强体能的方法和注意事项。田径教学内容既与田径运动技能有直接联系，又与人克服障碍、进行竞争的心理要求有内在联系。因此，应从文化、竞技、运动、心理体验及发展体能作用等方面全面地理解、分析教学内容并组织教学。

2. 体操

体操运动包括技巧、支撑跳跃、单杠和双杠等。它是发展人的力量性、协调性、灵活性、平衡性等能力最有效的运动。体操的历史较为悠久，自人类进入文明时代后，体操就一直伴随着人类的发展，它还与人类克服各种外界事物的干扰的心理欲求有联系。通过此项实践教学内容，教师应使学生了解体操运动文化的概貌，了解体操运动对人体锻炼的价值和作用，明白基本的体操原理和特征，掌握一些典型的、实用性较强的体操技能，并学会用体操的动作来进行身体锻炼和娱乐，运用保护与帮助的手法安全地从事体操运动。

在选择体操实践内容时，要主要考虑它的竞技、心理、生理等方面的内容。在教学过程中要注意遵循循序渐进的原则，通过逐步加大动作难度、幅度，使学生的技能得到切实提高。

3. 球类

球类运动包括足球、篮球、排球、乒乓球、羽毛球、橄榄球、网球等。通过传授此项教学内容，学生能够对球类运动的概况和球类比赛的共性有所理解，能够对球类运动的基本技术和战术技能有所掌握，从而具备一定的参加比赛的知识与技能。此类教学内容中的技战术通常较为复杂，每种技战术或技战术之间的组合相互依存、相互制约。因此，若要选出适合教学的内容就显得比较困难。如果只是对单一技术进行教学，那么就失去了球类运动的本质，比赛和应用就无法顺利，也会导致学生对球类运动失去兴趣，最终也无法运用单个技术。而若想整体详细讲解和介绍又需要较长的时间，有些球类运动若想达到一定的教学目标，至少需要一学年的时间甚至更长时间。因此，如果计划开展此类项目，则应通盘考虑，注意把技术教学、战术教学与教学比赛结合起来。

4. 民族传统体育

民族传统体育的内容有武术、导引、气功及各民族的传统体育内容。此项教学内容能够使学生对我国优秀的、丰富的民族传统体育项目有所了解，并懂得用其健身、自卫，还能使学生在学习技能的同时理解中国的"武德"精神，讲究武术中的仪态举止，它甚至还可以与爱国精神、民族自尊心的培养结合起来，教会学生热爱祖国。

民族传统体育教学需要较长的教学时间，同时还要兼顾教学的实效性。对于普通学生而言，鉴于民族传统体育往往需要较强的基本功，这种基本功不是一朝一夕能够习得的。因此，此类教学内容的重点不是要求学生在学习一段时间后能够完美地模仿下来，而是应根据学生的心理特点强调教学内容的文化性、实用性、范例性，并使其了解教学内容的文化背景和意义。

5. 韵律运动

韵律运动包括健美运动、民间舞蹈、健美操、体育舞蹈、韵律操、艺术体操等内容。在组织韵律运动的教学内容时，应从审美观培养、舞蹈音乐理论介绍、感情表达能力培养和健身效果等方面来考虑。之前，此类教学内容过多地考虑了动作练习的教学及练习中不断增加强度等，而对于向学生传授一些基本原理并让学生尝试自编的要求较弱，在这方面应予以加强。

二、课外体育活动

（一）教师的课外体育活动

教师是高校体育活动的主体之一，开展针对教师的课外体育活动是十分必要的，这不仅是积极营造高校体育文化氛围的要求，也是开展全面健身活动的要求。教师的课外体育活动主要包括以下两个方面。

1. 组织有利于缓解压力的体育活动

登山运动、春游都不仅能够帮助教师缓解压力，锻炼身体，还可以帮助教师消除心理疲劳，使其形成良好的精神面貌。

另外，也可以举办一些体育比赛，如教师田径赛、教师排球联赛、健美操比赛等。教师自觉参与体育锻炼，能够在提高自身技术水平的同时，拥有健康的身体。

2. 组织师生之间的体育比赛

通过组织师生之间的体育比赛，师生能够共同处于一个层面，自由地发挥自己的个性和体育技能。他们可以在体育比赛结束后就共同感兴趣的话题展开讨论，这样能够拉近师生之间的距离，增进师生之间的感情，使师生之间不再感到陌生。一些教师年龄比较大，不能参加登山之类的户外运动，也不能进行大强度的体育比赛，因此可以选择参与一些强度小的体育活动，如武术、太极拳等。

（二）学生的课外体育活动

学生的课外体育活动有以下几种形式。

1. 全校活动形式

全校活动具有庞大的规模、恢宏的气势和巨大的影响力，而且可以进行统一领导与指挥，操作起来比较方便，也为组织者与管理者的督促、检查与评价工作提供了便利。全校活动形式的主要作用表现为以下三点：首先，可以促进班级、年级之间相互学习、共同进步；其次，有利于对学生进行爱国主义与集体主义教育；最后，有利于提高学生遵守纪律的意识和培养学生的集体荣誉感。

全校活动的开展会受到一系列因素的限制，如场地、组织措施、学生个体差异等，全校活动比较适合早操与课间操等活动。

2. 班级活动形式

生动活泼、便于组织管理、选择余地较大、限制因素较少及锻炼效果良好是班级活动形式的主要优势。班级活动以教学班为单位，由班级体育委员负责组织，团支部、学生会等组织的其他班干部的主要职责是协助配合体育委员。班主任与体育教师主要负责指导和辅导班级活动的开展。

3. 小组活动形式

小组活动可以根据学生班级、学生性别、学生兴趣等因素自然分组。例如，根据学生体质与兴趣爱好成立足球组、体操组等。各组由体育积极分子或项目擅长者担任组长，小组在组长的带领下开展活动，也可以根据季节与场地器材等条件的不同来灵活选择小组的具体活动内容。

4. 团体活动形式

团体主要是由体育兴趣爱好和特长相同或相似的学生自发组成的。共同的目的、兴趣爱好和特长使学生能够自发组织起来，共同开展体育活动，共同学习与交流，共同提高与进步，从而增进友谊，并通过团体体育活动体验成功和快乐。

团体的组织比较松散、自由，成员数量视具体情况而定，且团体内的成员不固定。团体的成员没有局限在一个班级或一个年级中，他们可以是本班与本年级的学生，也可以是其他班与年级的学生。团体活动不需要进行专门的管理，主要是因为团体组织相对比较随意，没有固定的活动时间和地点。

在学生的课外体育活动中，团体的体育活动具有其他组织形式无法比拟的重要作用，它有利于学生体育兴趣与爱好的形成和发展，有利于促进学生养成良好的体育锻炼习惯，有利于促进学生终身体育意识的形成与发展。学生可以通过团体活动获得身体、心理和社交等方面的全面发展。

5. 俱乐部活动形式

近些年，在高校中，体育俱乐部这种课外体育活动组织形式相继出现。俱乐部主要分为两类：单项俱乐部和综合俱乐部。学校主要根据本校的场地设备、体育传统优势与师资力量等因素创办俱乐部。筹建俱乐部的经费主要源于学校下拨的经费、学生缴纳的会费与社会赞助。学生按照自身的兴趣与爱好自愿加入俱乐部，在俱乐部内进行自己感兴趣的体育锻炼活动。学生参加俱乐部的目的各不相同，一些学生是为了提高技术技能水平，一些学生是为了参加课余体育训练，还有一些学生是为了娱乐。俱乐部活动的主要特点是有专门的组织管理和专业的指导教练，俱乐部活动的效果良好，深受广大学生的推崇与喜爱。

三、课余体育训练

课余体育训练是指为了发展部分在体育方面有一定天赋或有某项运动特长的学生的体能和身心素质，提高他们某项运动的技术水平，从而利用课余时间以运动队、代表队、俱乐部等形式对他们进行较为系统的训练，它是为竞技体育培养后备人才的一种体育教育过程。课余体育训练是我国学校体育的组成部分，我国颁布的《学校体育工作条例》中明确规定了要开展多种形式的课余体育训练。

课余体育训练要通过对具有运动特长的学生的训练，来提高学生对体育的认识，使其掌握一些专项与非专项技战术和知识，并通过加强身体、技术、战术方面的全面训练，促进身体的正常发育，提高各系统器官的功能，发展体能，培养良好的体育道德作风和顽强的意志品质，为进一步的专项运动训练打下身体、心理、技术、战术和思想品质等方面的良好基础，进而为提高运动技术水平、输送优秀体育后备人才和群众性体育骨干服务。这便是学校课余体育训练的目的，其具体方法可以从以下三个方面进行阐述。

第一，学校课余体育训练要促进学生体能的发展与运动能力的提高。大学阶段是学生身心发展的关键时期，在这一时期进行训练，不仅能保证学生的正常生长发育，还能使其生理功能大大提高，从而提高运动素质和运动能力。

第二，学校课余体育训练是学校培养高素质人才的补充措施。课余体育训练能够帮助学生掌握体育的基本知识和技能，促进体能和综合素质的提高，为运动队或群众体育提供人才。

第三，学校课余体育训练能够完善学生的道德品质并提高学生的意志力。学校课余体育训练，要力求使学生得到爱国主义、集体主义和社会主义教育，提高学生对体育的兴趣，使其竞争意识、合作精神和拼搏意志得到培养。

四、体育竞赛

高校中开展的体育竞赛主要有以下两种。

（一）校内体育竞赛

校内体育竞赛能够发展学生的个性，培养学生的能力，陶冶学生的情操，并能够创造良好的学校体育氛围，这些作用是其他活动无法替代的。学校应该开展多元化的体育竞赛，主要开展原则是面向学生、服务学生，在开展体育竞赛的过程中需要采用大众化的组织形式、比赛方法。

以组织的等级为依据，可以将校内体育竞赛分为校级体育竞赛、院级或年级体育竞赛、班级体育竞赛。竞赛的项目主要有田径、篮球、羽毛球等。此外，也要组织一些小型的比赛，如接力赛、拔河比赛，这些比赛的参与者众多，能够使更多的学生参与进来。与校际的体育竞赛相比，班级之间的体育竞赛灵活性更强，对不同的体育爱好者都比较适宜。校内体育竞赛的开展为高校体育文化建设提供了一股强大的凝聚力。

（二）校际体育竞赛

开展校内体育竞赛的主要目的是传播体育精神，使学生参与到体育锻炼中，而开展校际体育竞赛的主要目的是加强校际交流，提高学校文明形象，同时加强学校与社会的交流。世界大学生运动会和世界中学生运动会是校际开展的比赛中级别最高的校际体育竞赛活动，此时的校际比赛已引申为国际比赛。通过比赛，学生可以将自己的活力与实践技能展示给全世界。

五、体育文化节

学校价值观念的传播方式之一就是高校体育文化节。高校体育文化节的举办能够有效地激发学生参与体育锻炼的兴趣。体育文化节的主要载体是体育活动，宗旨是公平竞争、团结协作、拼搏进取，主要目标是"健康、快乐、文明"，同时也注重对师生体育道德素养的培养。目前，高校体育文化的传播离不开文化节这一重要的形式，体育文化节主要是集中一周的课外活动时间，面向全校所有学生开展各种活动，为学生提供良好的机会来感受体育运动的乐趣。学生可以利用这一平台展示自己的才华，充分发挥自己的个性与技能。也可以在节日里举行体育文化节，如在"劳动节""国庆节""元旦"举办篮球、足球、羽毛球赛，分教职工、学生两组进行循环淘汰赛，这样不但能够充实师生的节假日生活，还可以培养师生的集体荣誉感和竞争意识。

第三节　高校体育文化建设的要求

一、高校体育文化建设的基本要求

（一）组织形式要多样化

建设高校体育文化需要与时代发展的要求相适应。现在，学校中开展的高校体育活动仅有运动会、体育课、课间操等，但这些已经不能与时代发展的要求相适应，也不能充分满足学生的体育需求。与此同时，发展高校体育文化必然要求学校组织丰富多样的体育活动，既要确保其具有健康的体育内容，又要确保体育活动具有娱乐性。所以，多元化发展道路是高校体育文化建设的主要方向。多元化的发展主要通过多样化的组织形式体现出来，多样化的组织能够使学生有更多的选择空间。同时，只有多元化的组织形式才能满足学生的体育需求，才能使学生更加积极地参加体育锻炼活动。此外，高校体育文化的健康性与娱乐性也要通过多样化的组织形式体现出来。倘若学校只有单一的体育组织形式，那么就会降低学生参与的积极性，高校体育文化的健康性与娱乐性也就难以实现。

（二）内容要具有健康性和娱乐性

1. 健康性

建设高校体育文化要以"健康第一"为主题。一方面，学生正处于身体发育的关键时期，参加体育锻炼能够加快发育进程，使学生拥有一个健康的身体。高校体育文化建设要为学生营造一个良好的体育锻炼环境，这主要体现在以下几点：第一，有良好的体育物质文化；第二，有精英体育教师作为指导；第三，有健全的高校体育健身模式；第四，有浓厚的高校体育文化氛围。

另一方面，学生的思想稳定性较差，高校体育文化建设要求教师经常向学生宣传体育意识，使学生树立正确的体育观、人生观，使学生能够将体育精神深入自己的生活中，督促自己养成良好的行为习惯，从而提高抗外界诱惑的能力，免受身心损害。

2. 娱乐性

学生的学习负担较重，压力也较大，如果经常处于紧张状态，学生就无法拥有健康的身体。而高校体育文化的娱乐性能够使学生消除紧张心理，放松身心。学生只有参加丰富多彩的娱乐项目，才能获得精神上的愉悦和享受，才能保持积极乐观的心态，才能有利于自身的成长，才能提高自身的学习效率。

（三）体育文化建设要持之以恒

要想掌握体育技能、增强体育意识、树立正确的体育观，学生需要不断接受体育教育，参加体育锻炼，而这在短时间内是不可能完全实现的。因此，高校需要对学生进行坚持不懈的指导。另外，在高校体育文化建设的过程中难免会出现问题，而且这一过程中出现的问题通常带有时代因素。所以，只有长期坚持高校体育文化建设，用时代的眼光进行建设，才能防患于未然，才能有效解决不断出现的问题，才能更好地使高校体育文化为学生服务。

二、高校体育文化建设的环境要求

（一）高校体育物质文化环境

1. 高校体育物质文化的形态体现

（1）运动场

运动场包括田径场、篮球场、足球场、排球场、网球场、羽毛球场等。它们因属于露天建设，方便向学生开放，而成为学生参加体育活动的主要场所，学生的体育课、课外体育活动、体育文化节、体育竞赛等都依靠体育运动场进行。因为各个地区的经济发展程度不同，学校体育运动场的质量存在着很大的差距。在经济发达地区，运动场规模较大，造价较高，如塑胶田径场、篮球场、网球场及绿茵足球场等，而且外延设施比较齐全，如设有看台、风雨棚等。而在经济贫困地区，大多是一些煤渣跑道，或是不太正规的跑道，篮球场、排球场大多是水泥地。相对而言，贫困地区的运动场质量较差、规模较小。

（2）运动馆

运动馆包括综合性体育馆、篮球馆、排球馆、乒乓球馆（房）、艺术体操房、游泳馆、肋木区、单杠双杠区、攀爬角、健身角等。相比运动场，它的造价较高，而且开放时间有限，因此不能成为大学生参加课余体育活动的首选。但运动馆不受天气影响，场地质量较高，安全系数比室外运动场高，通常一些重要的比赛都在运动馆里进行。

（3）运动器材

按照不同运动项目所需的器材分类，学校的运动器材可分为体操类器材、球类器材、田径类器材、民俗类器材、健身类器材等。通常情况下，学校的运动器材是与学校开设的课程及运动场馆相匹配的，有运动场就必须有相应的运动器材，这样才能进行体育活动。随着人们对体育活动要求的提高，学校运动器材的配置必须完善，如以前"一班一球"的器材分配方式显然已经不能满足学生的练习要求，因此种类齐全、数量充足的体育运动器材是每个学生在课堂有限的几十分钟内进行充分练习的基础。

（4）其他体育物质形态

学校的其他体育物质形态包括体育雕塑、体育壁画、体育传播设施等。表面上，它对学生参加体育活动并没有实质性的作用，但是它对营造高校体育文化氛围以及培养学生浓厚的体育兴趣具有重大的意义。如学校的体育雕塑、体育壁画以最直接的方式向学生传达浓厚的体育寓意，学生在看到体育雕塑的时候自然会联想到一段体育历史故事，从而对体育产生浓厚的兴趣；又如学生通过观看一段高水平的体育录像，会激发出参加体育活动的热情。因此，不能忽视学校其他体育物质文化形态在学校体育文化环境中的作用。

2. 高校体育物质文化环境的优化

（1）扩充体育设施

在优化高校体育物质文化环境时，数量种类多是优化的前提，只有"多"才能进行"优"。因为"优化"在很大程度上就是一个如何选择的问题，如果连最起码的体育设施都不齐全，就没有任何选择的空间，优化只能是纸上谈兵。而高校体育不同于商业体育，得不到外部资金支持，因此物质设施资金主要依靠学校的直接投入。当然，这种资金投入并不是盲目的。首先，要从实际出发。因为各学校的经济承受能力是不一样的，所以在经济落后地区，对体育设施的要求就不能与经济发达地区的学校相比。其次，要重视扩充体育设施的方向。每个学校的体育文化氛围倾向是不一样的，而这种氛围的倾向性决定了学生参加体育活动的方向，也就是说，在不同的运动项目中，参加的学生人数以及热衷程度是不一样的。因此，在扩充体育设施的时候必须对本校体育氛围倾向有一个充分的了解，然后再针对运动人群多而体育设施少的体育项目来扩充设备，从而达到资金合理分配及资源合理利用的效果。

（2）优化现有的体育物质文化环境

优化现有的体育物质文化环境其实就是对现有的体育物质资源进行合理规划，以营造出良好的体育物质文化氛围。首先，高校体育物质文化环境本身是一种文化现象，井然有序的体育场馆和体育运动器材会给人一种舒适的感觉，因此对学校体育设施的规划就显得格外重要。如把篮球场集中修建在同一个地方，当学生走入篮球场时就会被浓厚的篮球运动氛围所吸引，那里便成为篮球运动的一片沃土，方便篮球爱好者之间的交流。其次，体育场馆整洁干净也是非常重要的。干净整洁的体育场馆能给人带来一种舒适感，使学生更加亲近体育运动。因此，为保持学校体育场馆的干净整洁，每天必须安排专人打扫体育场馆，以营造出良好的体育物质文化氛围，从而吸引更多的学生参加体育运动。

（二）高校体育教学环境

1. 高校体育教学环境的构成

（1）体育教学物质环境

体育课是一个实践性很强的课程。在学校体育教学环境中，体育设施起到了载体作用，教师通过体育设施来实施教学活动，学生则通过体育设施、场馆进行体育活动。通常情况下，体育教学物质环境包括自然环境和体育设施环境。自然环境指的是学校的花草树木、空气、噪声、光线等，这些客观事物在一定程度上影响了学生的学习和训练。体育设施环境指的是由后天改造而来的体育设施，如体育场馆、体育器材、教学设备（如秒表、录像带、光盘等）。体育设施的好坏直接影响教学质量的高低。此外，由于物质环境是客观事物的载体，因而合理的场地规划、整洁的场地能够激发学生的体育兴趣。

（2）体育教学师资环境

体育教师是体育教学的灵魂。作为学校体育文化的指导者，体育教师对学校体育发展方向具有绝对的主导权，学校体育要弘扬什么样的精神、发展什么样的体育传统、提倡什么样的品质和培养什么样的能力等都是由体育教师在思想、行为上的体现和认识决定的。通常情况下，体育教师传授什么样的体育传统、精神、品质等，学生就能收获什么样的体育传统、精神、品质等。因此，在学生形成正确的审美观、体育观、人生观及体育意识的过程中，学校体育教学师资环境对其影响是巨大的。

（3）体育教学网络环境

网络已成为当今社会生活中的一个普及工具。在体育教学中，网络教学越来越广泛，体育教师利用网络给学生讲授最新的体育知识、实施远程教育等，大大提高了教学的效率。在网络教学环境中，体育教师通常具有一个自己的网站邮箱，学生从指定的网站或邮箱上获取最新的学习任务。另外，在上体育课的时候，体育教师可利用课件把平时很难用语言描述的技术动作通过网络以图片或视频的方式展现出来，这种方法更能让学生接受。在当今网络逐渐普及的形势下，网络教学的重要性已在体育教学中逐渐凸显。

（4）体育教学人际环境

学校体育教学是施教和受教的实施过程，这个过程中最重要的就是师生之间、学生之间、教师之间的交流。因此，体育教学的人际环境是不可缺少的。良好的人际环境体现为师生间的一种默契，如教师的一个眼神或一个手势，学生就能体会其中的意图。师生互相尊重，教师以高尚的人格品质去感染学生，也能改善体育教学的人际环境。最后，体育教师之间应互相交流教学经验，互取所长，这对完善学校体育教学也非常有帮助。

2. 营造体育教学环境应注意的事项

（1）体育教师的知识修养和综合能力

体育教师想要获得学生的尊重和服从，就要具备丰富的体育专业知识和教育教学经验、较高的文化素养。体育作为一门多学科课程，在课堂教学中，呈现出一定的规律性。另外，体育活动又具有发散性，假如教师没有丰富的体育知识和教学经验，很有可能无法回答学生的各种提问。同时，体育学科具有很强的实践性，因此体育教师只掌握理论知识是远远不够的，还必须积累更多的经验，如组织管理经验、动作操作经验、处理人际关系的经验等。体育教师还是一位体育知识的传播者，其任何举动都备受关注，所以在体育课堂上教师一定要注意自己的一言一行，以身作则。

（2）体育教学环境的普及范围

目前，在体育教学环境的普及范围内存在着较大的误区，有相当一部分教师认为，学校余暇体育活动不属于教学范围，如课外体育活动、节假日体育活动等。这种认识显然是不对的，因为学生参加余暇体育的时间远比课堂体育教学活动的时间多，而且很多的体育技能都是在余暇体育中形成的。如果让余暇体育自由地发展，那么学生的体育运动技能就会出现很多的错误。因此，应把余暇体育作为教学任务的一部分，充分利用余暇体育来传播体育知识。

还有一个误区，那就是认为体育教学就是以教师为主导、以学生为主体、以教学为内容、以培养学生的健康体魄和终身体育能力为主要目的的体育教学。这种认识过于片面，因为培养学生的健康体魄和终身体育能力只是教学目的的一部分，在具有浓厚体育文化内涵的体育教学中，引导学生养成正确的人生观、体育观以及培养学生的合作能力、竞争意识、拼搏精神，同样是体育教学的目的。

（3）体育教学环境的硬件设施

学校体育教学环境的营造需要软件与硬件协调发展，这样才能取得好的效果。目前，硬件设施跟不上软件设施已成为一种普遍现象，许多体育教师有教书育人的抱负，却因为缺少硬件设施，最终只能使抱负变成空想。而造成这种现象的原因是多方面的，比如学校的资金紧缺或学校对体育教学环境的认识不足等。硬件设施是教学的基础，加强对它的保障已成为不争的事实。硬件设施的短缺必然会给体育教学的质量带来影响，表现在不仅教师无法施教，学生参加体育活动也同样会受到制约。因此，学校必须高度重视这一问题，加大经费投入，尽可能地满足体育教学的合理要求。

第四节 高校体育文化体系的建设

我国高校体育文化发展过程中存在的诸多问题不利于高校体育文化的发展。因此，有必要对这些问题进行深入分析和研究，以促进高校建设科学的体育文化体系。

一、高校体育物质文化层建设

（一）物质文化的要素

1. 体育活动方式

正如前人所说，生命的意义在于运动，只有通过参与各种运动形式的活动，人们才能对其进行改造和完善，如锄草、耕田、插秧、纺织、印染、锻造等各种农业和工业的劳动动作，都是人们满足基本生活需要的活动方式。人们参与体育活动就是为了实现身心健康发展，体育活动不仅与人类的劳动方式密切相关，同时还是人类劳动方式的延伸。随着社会的不断进步与发展和人类文明程度的日益提高，人们渐渐开始重视开展以提高劳动和工作效率为目的的体育活动，由此使得体育活动日渐繁荣，并且体育活动已经成为一种能满足人们各种精神需求的活动方式。

2. 体育器材和场地设施

事实上，在社会历史发展过程中，通过人类的力量进行创造来满足自身的各种需要，是人类最基本的一项活动。在人类的各种需要中，由于体育是一种以精神为内核的需要，与人类的其他需要相比，人类对体育的需要出现得相对较晚。但是，人们并没有减少对促进自身全面发展而进行创造的欲望。

随着社会文明程度的提高，人类的需求在不断增长，具体表现在人们开始追求满足高层次的精神需求，满足这一需求就需要具有创造动力，而这也会推动体育器材和场地设施的快速发展。

3. 关于体育发展所创造并形成物质的各种思想物化品

体育物质文化中的最高层次部分就是创造并形成物质的各种思想物化品。在体育物质文化中，其范畴也包含了由人们的体育意识和观念直接形成的物质产物，并且这种形式的物质产物要高于直接充当体育活动方式的体育设施和用具，如体育法规制度、体育比赛录像带、裁判法、体育歌曲光盘等。总的来说，体育物质文化是指在体育文化诸现象中实际存在、有形有色，可以直接感知的事物。它不仅包括各种体育器材、体育用品和体育场地，还包含具有深刻思想内涵的物质成果。形态的物质性、功能的基础性、表现的易显性是体育物质文化与体育制度文化、体育精神文化相区别的三个方面。体育物质文化是指内涵和功能具有物质性的活动，如体育电影。

事实上，体育物质文化是体育精神文化的投影，其中沉淀了人们的精神、欲望、智慧等，体育物质文化是体育精神的物化。所有由体育目的和需要而作用的物质对象及人类生活方式都可以视为体育物质文化。根据体育文化就能看出体育水平，同时也能反映出社会生产力的发展水平。

体育物质文化主要是指体育文化各种存在形式中能够直接感知的事物。例如，款式各异的运动服装和风格独特的体育场馆都是体育物质文化的内容，它们不仅能够直接被感知且具有明显的物质功能性。动感形象的体育雕塑、设计精巧的体育器械也都属于体育物质文化的范围，它们客观存在的同时还具有很强的表现性。

（二）我国高校校园体育物质文化建设探析

校园体育的物质文化是校园体育文化建设的重要基础。高校良好的体育教学设施、功能齐全的运动器材能够使得学生获得更好的体育文化熏陶，从而更有利于体育文化的发展。在校园体育物质文化建设过程中，应将物质文化作为体育文化建设的重要方面，促进软件设施、硬件设施的共同发展。具体而言，校园体育物质文化建设应注意以下几方面的内容。

1. 注重经费投入

促进校园体育物质文化的发展需要加强相应的场地设施建设，而这需要投入大量的经费。如表3-4-1至表3-4-3所示，我国对高校体育场馆、设施有着一定的要求。

表3-4-1 在校学生（含研究生）为10000人及以下规模的
普通高等学校体育场馆设施配备目录

类别	室外场地设施	室内场地设施
基本配备类	1.面积（生均4.7平方米） 2.设施内容 （1）400米标准田径场（内含标准足球场）1个。 （2）25米×50米标准游泳池1个。 （3）篮球场、排球场、网球场35个以上。 （4）健身器械区若干。 （5）结合学校的人力、财力及学生的兴趣、爱好选择其他设施内容。 3.基本要求 （1）400米标准塑胶田径场（人造草或天然草）。 （2）25米×50米标准游泳池，具有一套完整的供学生更衣、冲洗的设施。 （3）篮球场、排球场、网球场全部进行硬化或绿化。	1.面积（生均0.3平方米） 2.设施内容 关于必配类： （1）风雨操场1个。 （2）健身房（室内活动用房）若干。 （3）固定的学生体质健康检测场所。 关于选配类： （1）乒乓球室（羽毛球）1个。 （2）多功能综合健身房1个。 3.基本要求 （1）地面为平整土质。 （2）各专项用房地面均为木质或塑胶。 （3）通风和采光良好。

续表

类别	室外场地设施	室内场地设施
发展类	1. 面积（生均5.6平方米） 2. 设施内容 （1）400米、300米标准田径场（内含标准足球场）各1个。 （2）25米×50米标准游泳池1个（或轮滑、滑雪场地1片）。 （3）篮球场、排球场、网球场、非规范足球场30个以上。 （4）体操、武术、散打、健身器械区若干。 （5）野外活动（登山、自行车、冲浪）基地1处。 （6）按学校传统和资源自主选择发展类项目。 3. 基本要求 （1）400米标准塑胶田径场1个。 （2）25米×50米标准游泳池，具有一套完整的供学生更衣、冲洗设施。 （3）篮球场、排球场90%硬化（沥青地面），其中40%以上为塑胶地面或人工草皮地面。 （4）网球场至少1块为塑胶地面。 （5）其他项目的设施配置符合活动的基本要求。	1. 面积（生均0.4平方米） 2. 设施内容 （1）多功能综合体育馆1座。 （2）风雨操场1个。 （3）乒乓球室（羽毛球室）1个。 （4）多功能综合健身房1个。 （5）固定的学生体质健康检测场所。 3. 基本要求 （1）多功能综合体育馆1座。 （2）风雨操场地面为塑胶或沥青。 （3）其他室内运动场地地面均应满足该项运动的要求。 （4）良好的通风、采光、照明等条件。

表 3-4-2　在校学生数（含研究生）为10000—20000人规模的
普通高等学校体育场馆设置配备目录

类别	室外场地设施	室内场地设施
基本配备类	1. 面积（生均4.7平方米） 2. 设施内容 关于必配类： （1）400米标准田径场（内含标准足球场）2个。 （2）25米×50米标准游泳池1个。 （3）篮球场、排球场、网球场60个以上。 （4）武术、健身器械区若干。 关于选配类： 结合学校的人力、财力及学生的兴趣、爱好选择其他设施内容。	1. 面积（生均0.3平方米） 2. 设施内容 关于必配类： （1）多功能综合体育馆1座。 （2）25米×50米标准游泳馆1座。 （3）风雨操场1个。 （4）固定的学生体质健康检测场所。 关于选配类： （1）跆拳道室（健美操房）1个。 （2）乒乓球室（羽毛球室）1个。

续表

类别	室外场地设施	室内场地设施
基本配备类	3.基本要求 （1）400米标准塑胶田径场2个。 （2）足球场（天然草皮或人工草皮）2个。 （3）25米×50米标准游泳池，具有一套完整的供学生更衣、冲洗的设施。 （4）篮球场、排球场、网球场地100%硬化。 （5）网球场地50%塑胶。 （6）其他项目的设施配置符合活动的基本要求。	3.基本要求 （1）多功能综合体育馆座席不少于3000个。 （2）25米×50米标准游泳馆座席不少于600个。 （3）各专项用房地面均为木质或塑胶。
发展类	1.面积（生均5.6平方米） 2.设施内容 （1）400米标准田径场3～4个。 （2）足球场地3～4个。 （3）篮球场、排球场、网球场70～80个。 （4）25米×50米标准游泳池2个（或轮滑、滑雪场地2片）。 （5）体操、武术、散打、健身器械区若干。 （6）野外活动（登山、野营、滑水、帆板、自行车、冲浪等）基地1处。 （7）攀岩场地2块。 （8）棒球（垒球）场地2块。 （9）民族传统项目活动区若干。 3.基本要求 （1）400米标准塑胶田径场3个。 （2）足球场（天然草皮或人工草皮）3个。 （3）篮球场、排球场硬化面积100%（沥青地面），其中塑胶地面或人工草皮面积80%以上。 （4）网球场地70%以上为塑胶地面。 （5）25米×50米标准游泳池，具有一套完整的供学生更衣、冲洗的设施。 （6）其他项目的设施配置符合活动的基本要求。	1.面积（生均0.4平方米） 2.设施内容 （1）多功能综合体育馆1座。 （2）风雨操场2个。 （3）乒乓球室、羽毛球室各1个。 （4）25米×50米标准游泳馆1座。 （5）手球场地1个（可与篮球场地共用）。 （6）拳击、防身术、形体场地1处。 （7）壁球室4处。 （8）固定的学生体质健康检测场所。 3.基本要求 （1）多功能综合体育馆座席不少于4000个。 （2）25米×50米标准游泳馆座席不少于600个。 （3）其他室内运动场地地面均应满足该项运动的要求。

表 3-4-3　在校学生人数（含研究生）为 20000 人及以上规模的
普通高等学校体育场馆设施配备目录

类别	室外场地设施	室内场地设施
基本配备类	1. 面积（生均 4.7 平方米） 2. 设施内容 关于必配类： （1）400 米标准田径场（内含标准足球场）4 个。 （2）篮球场、排球场、网球场 80 个。 （3）25 米 ×50 米标准游泳池 2 个（或轮滑、滑雪场地 2 片）。 （4）武术、健身器械区若干。 关于选配类： 结合学校的人力、财力及学生的兴趣、爱好选择其他设施内容。 3. 基本要求 （1）400 米标准塑胶田径场 4 个。 （2）足球场（天然草皮或人工草皮）4 个。 （3）25 米 ×50 米标准游泳池，具有一套完整的供学生更衣、冲洗的设施。 （4）篮球场、排球场 90% 硬化。 （5）网球场地 80% 塑胶。	1. 面积（生均 0.3 平方米） 2. 设施内容 （1）多功能综合体育馆 1 座。 （2）25 米 ×50 米标准游泳馆 1 座。 （3）风雨操场 2 个。 （4）室内单项运动场地若干。 （5）固定的学生体质健康检测场所。 3. 基本要求 （1）多功能综合体育馆座席不少于 4000 个。 （2）25 米 ×50 米标准游泳馆座席不少于 600 个。 （3）各专项用房地面均为木质或塑胶。

续表

类别	室外场地设施	室内场地设施
发展类	1. 面积（生均 5.6 平方米） 2. 设施内容 （1）400 米标准田径场在基本配备类标准的基数上每增加 5000 人增设 1 个。 （2）足球场地在 20000 人发展类标准的基数上每增加 5000 人增设 1 个。 （3）篮球场、排球场、非规范足球场、网球场在 20000 人发展类标准的基数上每增加 500 人各增设 1 个。 （4）25 米 ×50 米标准游泳池（或轮滑、滑雪场地）在 20000 人发展类标准的基数上每增加 10000 人增设 1 个。 （5）体操、武术、散打、健身器械区若干。 （6）野外活动（登山、野营、滑水、帆板、自行车、冲浪等）基地 1 块。 （7）攀岩场地 2 块。 （8）棒球（垒球）场地在 20000 人发展类标准的基数上每增加 10000 人增设 1 个。 （9）民族传统项目活动区若干。 3. 基本要求 （1）400 米标准塑胶田径场占田径场数目的 2/3 以上。 （2）天然草皮或人工草皮足球场占足球场数目的 2/3 以上。 （3）篮球场、排球场硬化面积 100%（沥青地面），其中塑胶地面或人工草皮面积 80% 以上。 （4）网球场地 90% 以上为塑胶地面。 （5）25 米 ×50 米标准游泳池，具有一套完整的供学生更衣、冲洗的设施。 （6）其他项目的设施配置符合活动的基本要求。	1. 面积（生均 0.4 平方米） 2. 设施内容 （1）多功能综合体育馆 2 座。 （2）风雨操场 3 个。 （3）乒乓球室、羽毛球室各 2～3 个。 （4）25 米 ×50 米标准游泳馆在 20000 人发展类标准的基数上每增加 20000 人增设 1 个。 （5）各单项均有专用的室内运动场地。 （6）满足每单元开课学生室内的教学需要。 （7）固定的学生体质健康检测场所。 3. 基本要求 （1）多功能综合体育馆座席不少于 5000 个。 （2）每个风雨操场面积不少于 2000 平方米。 （3）每个多功能综合健身房不少于 300 平方米。 （4）每个 25 米 ×50 米标准游泳馆座席不少于 600 个。 （5）每个乒乓球室、羽毛球室不少于 300 平方米。 （6）每个拳击、防身术、形体场地不少于 300 平方米。 （7）其他设施标准同前。

当前，我国很多高校体育场馆未达到要求，不仅数量不足，而且质量得不到保障。高校体育教学配套设施不健全。在教学过程中以户外教学为主，相关的运动场馆不足，因此对于雨雪天的体育教学没有相应的对策。体育物质文化的短缺导致了学校不能为学生提供相应的感官刺激，体育运动对学生的影响力减小。

随着现代社会的不断发展，人们对体育活动的要求也逐渐提高，求新、求乐、求美成为很多学生的需求。而学校体育设施不足，使得学生的需求不能得到满足。

学校体育场馆设施建设落后最为直接的原因是体育经费投入不足。因此，高校应转变观念，增加体育方面的经费投入，将体育设施作为评价校园教育环境的重要方面。建立相应的校园评估体系，将体育设施建设作为考核内容，增加学校在体育场馆实施方面的投入，从而形成高质量的校园体育物质文化。

2. 提高体育物质设施的利用率

我国体育场地设施资源相对较为短缺，而随着人们生活水平的不断发展，大众体育人口在逐渐增加。在这一背景下，高校应积极发挥体育场地设施资源优势，积极适应体育市场的发展，促进体育场馆的市场化经营，从而促进高校体育更好地发展。

学校应积极改善体育场馆的经营管理状况，积极促进体育场馆设施的对外开放，提高体育场馆的利用效率。在高校体育场馆的运营管理中，存在着学生和社会使用者之间的矛盾，即学生要进行健身训练，社会健身者也要使用体育场馆，这无疑形成了一定的矛盾。从长期来看，学校的体育场馆可以实行收费制度，收费标准可以根据不同的使用对象和使用时间制订。

在提高高校体育场馆的使用效率，促进体育场馆的市场化进程中，应杜绝以纯盈利为目的，而应该在"以教学为主、创收为辅"的前提下进行。高校的体育场馆同样与公共体育场馆面临着多重任务，但需要注意的是，高校的体育场馆不能为了盈利而影响教学，但是也不能紧闭校门。

具体而言，应注意以下两个方面。

（1）注意体育馆的开放时间，避免与学生体育学习和锻炼的时间冲突

一般情况下，学生在节假日较少使用体育场馆，而社会大众在这些时间锻炼的时间相对较多。高校可利用这一特点，在这一时间段向公众开放体育场馆，满足大众的需求。另外，学生的体育课多集中在上午、下午，可在早晨、中午、晚上等时间段向社会开放体育场馆。

（2）在开放的运动场馆类型方面要有所侧重

高校的体育场馆首先应满足学生的需求。在对外开放体育场馆时，可对学生进行调查研究，确定学生喜爱的运动项目，在课余时间减少对这些项目的对外开放，保证学生的运动健身锻炼。而对于学生参与人数较少的运动场馆，可增加开放时间。

各大高校可以根据学校的具体情况进行具体分析，合理安排体育场馆的开放时间和体育场馆的类型，进而最大限度地提高体育场馆设施的利用效率，促进社会效益与经济效益的共同发展。

3. 体育物质设施的建设要体现一定的文化底蕴

校园体育文化的重要载体和它的外在标志是校园体育物质文化。校园体育物质文化建设的重要目的是促进校园体育文化的综合发展，物质设施的建设应体现文化底蕴。校园物质文化中因包含精神文化，忽视精神文化的建设会使得物质文化流于形式。

在高校体育物质文化建设过程中，应提升文化品位，体现和谐、美观的环境。体育场地的实施标准应与学校的办学理念和态度相契合。场地器材应与学校所处的环境和气候相适应，并对场地器材进行灵活的空间组合。

二、高校体育精神文化层建设

（一）校园精神文化的要素

体育精神文化是指人类借助于体育或者以体育为依托的主观世界改造的活动和产物。体育精神文化包括以下4个方面的内容。

1. 思想观念和理论体系

由于体育是一项以改造人的身心为目的，促进身心全面发展的活动，因此它需要在多个方面和不同的层次上做出科学的阐释。体育学科是在体育活动的理论需要背景下产生和发展起来的，如体育史学、体育经济学等。这些体育学科和一些体育领域的研究主要是通过书面的形式呈现的。体育学科专著的出版是体育学科发展的重要标志。

2. 精神世界的物质内涵和行为准则

体育精神文化将体育物质文化和制度文化紧密联系起来，是其与一般文化最基本的区别。例如，体育谚语、运动训练、体育器材、体育服饰等，这些都属于这一层次的体育精神文化。

体育精神文化属于行为文化的范畴，它与体育物质文化和体育制度文化有着十分微妙的区别。对于一件运动服装来说，从体育物质文化的层次，可以欣赏它的质地、型号、颜色等；从体育精神文化的层次，可以注意其展示的体育民族个性、审美情趣等因素。在运动训练中，我们观察和注意的是它的外在身体运动的场面表现等体育物质文化，注意它的教学传授方式与人际关系等体育制度文化，注意它的训练原则与指导思想等体育精神文化。仅从一个角度和层面是无法将体育的物质、制度和精神文化区分清楚的，三者是紧密相连、密不可分的。

3. 通过体育改造人的主观世界的想法和打算

一般情况下，体育精神文化是指体育活动中所依附的思想意识形态的总称，如科学、心理、哲学、道德规范、审美观念、文学艺术等。在体育文化中传承的社会心理、道德规范、科学、哲学、宗教信仰、审美评价和文学艺术等思想意识形态领域的反映，均属于体育精神文化。竞技体育的文化价值是在弘扬主体精神、竞争观念、民族意识、科学态度等人类基础价值观念中体现出来的，它是体育精神文化的重要内容。例如，亚运会的拼搏进取、团结奋进、科学求实、祖国至上、争创一流的精神，中华体育精神等都是体育精神文化中的精华。

4.通过抽象的声音、色彩等表现体育精神的艺术文化

需要注意的是，人类把握世界不能仅靠物质和精神的单一形式，而且要把握精神物化的产物。这些形式的文化，不仅有实实在在的物质表面，而且蕴含着人类的情感、意志和灵魂。文艺是这类方式的杰出典范。体育活动具有直观、激越、宏大的特点，这些特点使它成为文艺表现的对象，如体育诗歌、小说、漫画、相声、小品、体育邮票、体育歌曲等体育文艺都归属于体育精神文化的范畴。例如，一幅漫画，我们可以从它的体育精神文化角度来探究其所表现出来的体育思想和情感。体育精神文化的这个层面属于艺术文化的一部分。

总之，对体育活动中心理、审美、艺术等各种意识形态表现形式的总称是体育精神文化。竞技体育文化中所表现出的竞争意识、自主精神、科学观念等价值观念，也是体育精神文化的重要内容，而团结奋斗、拼搏进取、为国争光的体育精神更是体育精神文化中的精华。

（二）我国高校体育精神文化建设探析

体育精神文化在体育文化中处于主导地位，其是体育文化的核心。建设高校体育精神文化应注意以下5个方面。

1.树立正确的体育观

体育观就是人们对体育运动的意义与价值所持的一种认知与观点，体育文化的发展方向就取决于体育观。树立一种正确的体育观能积极促进高校校园体育文化的发展，因此师生应该树立积极正确的体育观，具体做法体现在以下6个方面。

（1）体育是生活的重要组成部分

现代化的生产方式促进了社会财富的发展，然而也带来了一些不利的因素。例如，劳动方式的单调化、劳动密度的增大化、劳动过程的专门化等。这些变化使得人们在工作过程中感到枯燥和厌倦，心情压抑。另外，现代工作方式使得身体运动不足，也会使身体机能产生不适和身体局部劳损。在这一环境下，体育运

动逐渐成为人们生活的重要组成部分，其不仅丰富了人们的精神文化生活，而且促进了人们身心的健康发展。对于经济社会的发展和个人素养的提升都具有重要的意义。如今，体育运动已经成为人们日常生活的重要组成部分，成为人们的一种生活方式，其与衣、食、住、行、用具有同等重要的意义。

（2）体育是竞争

众所周知，竞争是现代社会生活中不可缺少的现象，竞争意识也是人们需要养成的重要思想意识。合理的竞争能够促进社会发展，人们为了更好地生存和发展，需要具备竞争意识，并不断提高自身的竞争力。需要我们注意的是，现代体育运动中，竞争是其重要的精神内涵。竞技运动最为鲜明地反映了这一特点。在运动竞赛中，处处体现了体力、智力与技能的竞争。可以说，体育运动是最富有竞争性的项目。体育运动中的竞争都是在严密、严格的规则和规程约束下进行的。体育的竞争注重公平和平等，最讲求规则。从这个意义上来说，体育运动比赛的竞争能够培养参与者公平竞争的意识，使其能够以公平竞争的方式应对生活中的考验。

在体育竞赛中，要想取得胜利，一定会经过严格的锻炼，不断提高自己的身体机能和心理水平，吃苦耐劳、勇于拼搏的战术意识和团队精神。在体育竞赛中，任何不劳而获的结果都是不允许的。因此，每一位参与者都明白只有通过不断的努力才能获胜。

（3）体育是娱乐

需要注意的是，现代体育运动不仅体现着竞争，同时也体现着娱乐精神，并且随着时代的发展，体育运动的功能会得到进一步的发挥。大众体育运动不同于竞技运动，它具有一定的休闲娱乐性，在进行该项运动时，运动者能够缓解生活和工作的压力，宣泄自身的情感。大众体育运动以追求自身情感的愉悦、兴趣的满足为主要目标。科学研究表明，通过进行体育运动，人们内心的愉悦感会增加。健康幸福感的增加，实质上与消极情绪的减少有密切联系。通过体育运动能使紧张、困惑、疲劳、焦虑、抑郁和愤怒等不良情绪状态得到有效改善，同时有助于人们保持良好的精力状态。通过观看体育运动比赛，能够培养良好的娱乐功能，使人心旷神怡，增加对运动美的欣赏能力，从而享受生活。

（4）体育是消费

体育是一种重要的消费形式，现代社会"花钱买健康"的观念正逐渐深入人心。所谓"花钱买健康"就是增加体育方面的投入，通过体育锻炼来促进身心的健康发展。如今，人们参与运动健身俱乐部时，需要向俱乐部支付相应的会员费；

人们在观看高水平的竞技比赛时，也需要购买相应的门票。因此，学生应树立良好的体育消费观，为自我健康和自我发展积极投资。

（5）体育是完善个性的重要手段

体育运动能够促进人的个性发展和完善。人们在参与体育运动时，会在体力、智力和情感方面有较多的投入，这能够使人们发现自身在这几个方面的薄弱环节和优势，从而促进人们正确认识自己，实现个性的完善和发展。

体育运动能够使人的个性得到张扬，从而使人的个性得到更为自由的发展。体育运动为人的个性发展和张扬提供了更为广阔的演练空间，人们可以选择表现自己的个性，如塑造拼搏进取的人格精神、品尝胜利的喜悦、追求内心的自我超越或表现健康向上的生命力。

（6）树立终身体育观念

终身体育不仅是人们在生产生活中应该树立的体育意识，也是现代体育教学的重要观念。体育运动不应仅限于人的某个发展阶段，而应在人一生的各个阶段都参与体育锻炼。体育具有终身性，这是由体育锻炼的规律决定的。人们在参与体育锻炼的过程中所取得的一些健身效果并不是永久的，在停止健身之后，很多健身效果会逐渐消失。为了促进和保持体质健康，应坚持终身进行体育锻炼。具体而言，终身体育包括以下两个方面的内容：①人的一生应不断进行健身锻炼，促进身心的健康发展。②人的一生应不断进行体育运动知识和技能的学习，促进终身体育能力的发展。

终身体育理念即人们应不断接受终身教育，从而使得各个阶段的体育都能够良好衔接，保证体育运动锻炼和所掌握的知识和技能的系统性和完整性。人体在不同的发展阶段，其对体育运动锻炼的需求也会有所不同。例如：在青少年时期，促进机体的生长和发育是体育锻炼的重要方面；而在中年阶段，防止衰老和疾病的发生是体育锻炼的重要目的。体育锻炼是一种需要长期坚持的过程。因此，在高校体育教学中，应帮助学生树立终身体育观念。不仅应促使学生掌握一定的锻炼方法，还应促使学生养成良好的健身习惯，获得终身体育锻炼所需要的能力。

2. 增强体育意识

在体育教学中，体育教学工作的主要目的是培养学生的体育意识，促进其养成体育锻炼的习惯。体育意识对于体育教学实践的发展具有重要的意义，体育意识的培养也是校园文化建设的重要方面。应从以下两个方面来增强学生的体育意识。

（1）转变教育观念，增强意识教育

在我国体育教学的发展过程中，长期以来对学生体育意识的培养不足。在教学中，体育只是作为一种知识和技能来进行授课，而忽视了其育人功能。传统的教学方式具有其积极的一面，然而其消极方面的影响也不容忽视。因此，在高校体育教学中，教师应培养学生自觉参与体育锻炼的意识，使得学生受到良好的思想观念方面的教育。教师应将终身体育意识与体育教育密切结合起来。

（2）加强理论传授，综合培养体育意识

需要注意的是，体育不仅是传授技能，同时也应注重讲授理论知识。教师应不断积累和丰富学生的知识，促进体育理论对学生思想的重要影响。理论对实践具有重要的指导作用，加强理论的学习能够更好地促进学生掌握技能。在体育教学中，应注重体育运动规律、身体锻炼规律等方面的理论的传授，做到理论与实践相结合，两者相互促进，实现学生的综合提升和全面发展。

3. 弘扬体育精神

众所周知，校园体育精神是校园体育文化的升华，对价值观念、行为、意识等方面都有深刻的反映。校园体育文化对学生具有重要的影响，置身于相应的校园体育文化氛围中，能够使学生受到潜移默化的影响，实现精神品质的提升，取得良好的教育效果。因此，高校应弘扬体育精神，激励学生不断实现自我的提升和发展。

（1）振奋民族精神

当前，体育运动对社会和个人的影响已远远超过其自身的体育运动范畴，它蕴含着深刻的文化和思想内涵。体育教育应促进人们民族精神的觉醒。在我国体育运动发展历史中，乒乓球运动和排球运动对国人的精神产生了较大的影响，对振奋民族精神起到了很重要的作用。在乒乓球运动发展历史上，众多人们熟知的运动员极大地提升了人们的民族自豪感；中国女排的拼搏精神更是振奋了民族精神。因此，在体育教学中，应注重积极价值观念对学生的积极影响。

（2）发展创新意识

创新意识是现代人所应具备的重要意识。体育教学应注重学生创新意识的培养。体育运动在一定程度上体现着创新精神，尤其是一些球类运动，需要运动员根据实际情况来灵活应对。优秀的运动员必须具备良好的思维能力、应变能力和创新精神。体育运动既是体力、技能的对抗，又是思维、智力的竞技。对于足球运动而言，优秀的足球运动员总是具有创造性的，其总是能够打出让人惊叹和意想不到的进攻。因此，创新精神也是重要的体育精神。在教学中应注重创新意识和创新能力的培养。

(3) 培养优良的意志品质

意志品质是一个人的自觉性、坚韧性和自制力及勇敢顽强和独立主动的精神。在体育活动中，获得胜利的喜悦感，不仅能够有效地激发运动的强烈动机，而且对于激发勇敢拼搏的意志，也能起到积极的促进作用。运动水平的提高需要运动者坚持进行训练，顽强克服困难。另外，在进行运动训练时，会伴随着一定的生理不适，也需要训练者积极克服。在体育教学中，应培养学生的优良意志品质，使其明白良好的自觉性、坚韧性和自制力等是取得成功的重要保证。体育竞赛具有良好的激励作用，通过开展竞赛，能够促进人们激发自身的潜力，从而更好地做自己。在竞赛过程中，发扬拼搏精神，能够使学生深刻认识到个人努力与集体荣誉之间的关系，促进其个人义务感和集体荣誉感的培养。比赛能给学生带来精神上的满足，促使其形成胜不骄、败不馁的品质。因此，教师应注重培养学生良好的意志品质。

(4) 培养遵守规则的意识

在体育运动比赛中，运动员必须遵循比赛规则，尊重裁判，尊重其他运动员，公平竞赛。这些规范要求不仅适用于所有体育活动，同时也是每个公民应具备的社会素质。在体育教学中，应积极培养学生遵守规则的意识。

另外，在体育竞赛中，竞赛双方处于平等的地位，展开公平竞争。在体育教学与训练过程中，应注重培养学生尊重对手的意识，并在生活中做到尊重他人。

4. 提高体育素养

人们习得的体育知识、技能和借此形成的正确的体育认识、价值观、为人处世的态度等都是体育素养。具体而言，体育素养包括以下四个方面的内容。

第一，体育知识，如身体锻炼知识、体育保健知识、运动竞赛规则知识等。

第二，运动技能，如各项运动的基本技能以及参与运动比赛的能力。

第三，体育意识，即学生对于体育的认识和理解。

第四，体育兴趣和习惯。

在体育教学中，应促进学生综合素质的提升，促进学生体育文化素养的提高。通过提升学生的体育文化素养，能够促进学生的全面发展，这是素质教育的重要目标。文化在社会上的传播，需要相应的载体，而人是文化传承的重要载体。体育文化的发展依赖于人对体育文化的传承和发展。学生在体育文化传承中扮演着重要的角色。学生应充分发挥自身的才智，积极学习和研究体育文化，不断丰富自身的同时，实现体育文化的发展。

5. 培养良好的体育行为习惯

体育精神文化建设离不开良好的体育行为习惯。加强体育运动的多元组织与开展，有利于促进学生参与意识的培养与良好行为习惯的形成，同时还有利于培养和发展学生终身体育意识与能力。由此可见，校园体育文化具有良好的育人功能。在体育教学中，应积极鼓励学生参与各种形式的体育活动。

三、高校体育制度文化层建设

（一）校园制度文化的要素

1. 各种组织机构

众所周知，组织机构是人类社会逐步发展的产物，它能够使人类群体的力量得到合理和高效的发挥。无论是个人还是集体的活动，都必须在组织机构的支持下才能发挥其应有的功能。作为一种文化产物，体育活动已经成为各类社会组织中不可或缺的重要组成部分，体育制度文化的形成离不开世界体育组织、大洲体育组织、国家体育组织、民众体育组织、学校体育组织及运动竞赛组织等多个组成部分的共同作用。为使体育运动真正地向着合乎体育文化规律性的方向发展，在成立各种体育机构时，必须考虑社会背景，同时更多地关注体育活动发展组织化的需求。

2. 体育活动的原则和制度

在组织制度文化体系中，组织机构的制度与原则是制度文化和精神文化关系中层次最高的一部分，同时组织的性质、活动方式和发展方向取决于组织机构的制度与原则。需要注意的是，对体育活动实践和体育精神领域的思考是体育制度文化的来源，是体育制度文化体系中作用最为突出的组成部分，是统领体育一般规范与体育机构的桥梁。体育制度不健全会影响体育机构的建立和完善，体育产业制度不完善对体育经营管理活动的顺利进行有着制约作用。因此，只有不断地进行改革、更新和完善，才能改善体育的发展状况。

3. 体育运动中的组织形式

人们在社会中所扮演的角色和地位，不仅由人的能力差异决定，而且也由活动组织形式需要多种不同的角色决定。在体育运动中，也有很多不同角色的划分，如裁判、教练、队长、队员等以及单败淘汰制、单循环制、交叉淘汰制等赛制，这属于体育制度文化中最基本内容。在体育运动中，对于角色也有着原则性的区分，如运动队中的队长一职由技艺高超或号召力强的运动员担任。在运动竞赛中，可以根据参赛队伍的多少来调整比赛制度,但在大多数情况下,比赛的赛制是固定的、严肃的。

(二)我国高校体育制度文化建设探析

校园体育文化的建设离不开高校体育制度文化,高校体育制度文化是物质文化和精神文化的中间部分。高校制度文化建设应注意以下六个方面的内容。

1. 贯彻体育法规,改进管理理念和管理手段

体育教学虽然在我国发展多年,但是一直以来体育并不被重视,长期处于被冷落的地位。虽然我国倡导学生的全面发展,但是学校体育仍然处于弱势地位。改革开放以来,我国积极推进素质教育及教育改革,并强调了体育在素质教育中的重要地位,校园体育文化建设已经成为高校文化建设的重要方面。

学校要想建立相应的体育文化,就需要积极贯彻落实相应的体育法规,积极改进体育教育管理的理念,创新体育教育管理的手段。学校应根据自身的实际情况将相应的政策法规落到实处,制定切实可行的发展规划,使得高校体育文化散发自身的鲜明特色。

2. 优化体育教学

有学者对高校学生对体育教学的感受进行了调查,调查结果显示,大多数学生认为体育课的教学内容与自身的心理发展水平不符合,体育课的教学内容多为在低年级时已经学过的内容,学生并不能感受到高校体育教学的意义。因此,有必要促进体育课的改革与优化。具体而言,应注重以下两方面的内容。

(1)优化体育教学内容

高校在体育教学内容的安排上,应该符合学生实际需求,以激发学生对体育的学习兴趣。体育教学内容应强调终身性、娱乐性和健身性,满足学生学习和将来工作的需求。

近年来,人们的自我意识逐渐增强,学生的个性化发展尤为明显。在这一背景下,学生对自身不感兴趣的事情自然缺乏兴趣。在体育学习中,学生感受不到体育教学的积极意义,并且会形成枯燥、厌烦的心理体验。体育教学内容是体育教学的载体,应积极促进教学内容的革新。学校可开发一些新型体育项目、娱乐项目和民族传统体育项目作为体育教学的内容。

随着体育运动的发展,一些新的体育运动项目不断涌现,而高校学生对于新兴的、娱乐性强的体育运动项目兴趣更浓厚。因此,应积极革新体育教学内容,引进一些新兴的特色运动项目,将其作为学校体育的教学内容。另外,我国各民

族传统体育项目各具特色，又有良好的健身价值，在未来的体育教学中完全可以根据当地民情对其进行适当的开发和选用。

（2）优化体育教学手段和方法

现阶段，我国应积极转变体育教学方法，教师应发挥主导作用，同时确立学生的主体地位。在体育教学中，要注重开展多样化与个性化的体育教学活动，从而促进师生之间的良性互动。

内部活动和外部活动的综合体现是学生的学习过程。所谓内部活动，即学生的心理活动及相应的生理生化反应等；外部活动则是其动作质量、情绪、注意力等。在选择相应的教学方法时，也应注重两者之间的配合。教师应善于分析学生的内外活动变化，把指导学生外部活动的方法与激发学生内部活动的教学方法有机结合起来，以促进学生主动积极地参与到体育教学活动中。

在体育教学中，还应注重现代科技手段的运用。多媒体教学软件的使用能够辅助体育教学活动的开展，且运用时机较为灵活。多媒体软件是一种可以对某项体育运动进行针对性讲解和示范的教学手段，通过对关键点的展示和讲解，抓住动作的关键部分，反复播放这些难点动作，达到突出重点、难点动作的目的。

另外，随着智能手机的普及，手机 App 五花八门、无所不包，其中体育运动健身类的 App 也较多。在开展某种体育教学活动时，可借助手机 App，来增加运动训练的趣味性，并实现师生之间的实时互动。

需要注意的是，以多媒体软件为代表的现代体育教学手段的应用，不仅有效提升了体育教学的直观性和准确性，而且弥补了一些较有难度的动作技术示范不标准的缺陷，同时极大地提高了体育教师的教学效率。

3. 课余体育俱乐部和体育文化节建设

课余体育俱乐部和体育文化节建设是校园体育文化的重要形式，对学生的影响较为显著，其是校园制度文化建设的重要方向。具体而言，校园体育俱乐部和体育文化节建设应注意以下两方面。

（1）高校课余体育俱乐部建设

高校课余体育俱乐部是最近几年非常流行的体育课外活动组织形式，学生根据自己的体育特长、兴趣爱好自愿加入组织。课余体育俱乐部有组织、有管理，有专人指导、有经费支持，具有一定的导向性，活动效果好，深受学生欢迎。事实上，课余体育俱乐部不管在锻炼时间和锻炼活动方面，还是在锻炼的实效性方面，都比体育课强。因此，要想实现体育教学目标，高校就要积极组织建设课余体育俱乐部。课余体育俱乐部与当前的教学形势一致，因此其得以在高校中快速推广，并成为校园体育文化的热点。课余体育俱乐部吸引学生积极主动地加入其中，激发了学生体育活动的兴趣和进行体育锻炼的积极性。高校课余体育俱乐部的发展推动了校园体育的发展，使得更多的学生投入运动健身之中。学生在开展体育活动的过程中增进了相互的了解，也促进了学生各项能力的发展，如人际交往能力、组织活动能力、团队合作能力等。由此可见，高校课余体育俱乐部为校园体育文化增添了新的活力，同时也积极推进了校园文化的发展。

课余体育俱乐部对校园体育文化的发展具有积极的推动作用。学校各领导和部门应给予体育俱乐部高度的重视。学校应积极引导体育俱乐部的建设，并为体育俱乐部开展各种体育活动提供场地和时间等方面的保证，促进体育俱乐部的发展。学校和体育教师应积极引导学生进行体育活动，由原先单一学习运动技能转变为多方面开展体育活动，进而促进学生文化素养的发展。

高校课余体育俱乐部应积极满足学生的个性化需求，实现课内与课外体育的统一。对于学生，可适当收取相应的会员费用，以维持俱乐部的运转。为了避免校园体育俱乐部的无序发展，高校的团委、学生会等部门应对其进行相应的管理，促进其健康有序发展。一些发达国家的高校课余体育俱乐部发展相对较为成熟，如德国，其校内的体育俱乐部也加盟了社会的体育协会，成为社会体育组织的组成部分。各高校在发展校园体育俱乐部时，应积极学习和借鉴国外的发展经验，将国外的成功经验与高校的实际相结合，从而走出具有自身特色的发展道路。

（2）高校体育文化节建设

众所周知，我国各高校每年都会举办校运动会，这是检验学校体育教学成果的重要形式。虽然校运动会具有积极的意义，但是也存在着诸多问题。最为重要的问题是参与人数较少，大多数学生并没有参与其中，而只是运动员的"看客"。在这一形势下，高校更应积极推动校运动会的改革，增加学生的参与度，促进更多的学生参与进来。

高校应积极拓展校运动会，将其发展成为体育文化节，增强其在学生中的影响力。通过延长其时间、拓展其空间、发展其活动形式，使其内容更加丰富多彩，吸引更多的学生参与其中。

体育文化节的活动有体育专题报告、体育讲座、体育知识竞赛、体育表演、运动会、体育游戏等。其主要包括校园"体育周"和校园"体育日"（健康日）等形式。校园体育文化节的活动内容（表3-4-4）。

表 3-4-4　高校体育文化节的活动内容示例

竞技体育	健身内容	娱乐活动	观赏活动	体育知识讲座、竞赛	体质测试	其他
田径运动、球类比赛	健美操、健身健美、太极拳、体育舞蹈等	毽子、拔河比赛、接力赛等各种体育游戏	观赏高水平体育赛事、观看录像等	体育明星知识、项目知识、保健康复知识等	身高、体重、体脂率、肺活量等	体育作文比赛、体育摄影、体育绘画等

校园"体育周"是指集中利用一周时间对学生进行课余体育训练或组织各种宣传教育、锻炼、运动会等活动。针对校园体育节的管理，学校应将体育节活动列入学校整体体育工作计划，并成立临时性指挥机构对体育节间的体育活动进行组织与管理。在管理过程中，要注意取得各有关方面的支持与配合，并做好准备工作。"体育周"结束后，学校相关部门应注意做好后续管理工作。

校园"体育日"通常会与有意义的节日或体育形势（重大的国际、国内体育活动）相结合，一般会占用一天或半天的时间，"体育日"期间学校可组织进行专题性的体育主题活动，开展体育教育和锻炼。在管理过程中，既可以组织全校性的活动，也可以根据年级、班级组织体育活动。

对于优胜者的奖励应避免进行直接的金钱奖励。可增设多种奖项，如参与奖、鼓励奖等，以积极鼓励学生积极参与为原则。

总而言之，高校体育文化节应从各个方面进行创新，激发和培养学生的体育兴趣，提高其体育参与意识。还应使每个学生都具有平等参与的机会，举办全校体育盛会。

4. 积极开展和承办各类体育赛事

通过举办竞赛活动，高校之间得以实现信息互通，促进高校间的交流沟通、相互理解，从而为学校的校园文化生活注入丰富多彩的元素。高校举办竞赛活动不仅能提升办赛水平，同时也能为高校体育文化氛围注入新的活力，丰富高校校园文化生活的内涵。

中国大学生篮球联赛（CUBAL）毫无疑问是所有高校体育赛事中最广为人知的赛事之一。1996 年，中国大学生篮球协会与杭州恒华（国际）集团有限公司联合推出了中国大学生篮球联赛，是中国有史以来第一个面向社会，以大学生为对象的专项运动联赛。从 1998 年开始，这项运动得到了正式普及，成立了男子组、女子组，CUBAL 是继中国男子篮球职业联赛（CBA）之后影响最大的一项运动。

中国篮球的"希望工程"正在逐步展现出其强大的实力，这得益于竞赛体系的不断完善、竞技水平的稳步提高、社会影响的快速扩大、优秀人才的初露锋芒、品牌建设的初步成效及市场营造的初步成效。

我国应积极开展一些类似于CUBAL的赛事，积极推动体育文化的传播与发展。在开始阶段，举办大型赛事相对较为困难，学校之间应加强联合，积极开展校际比赛。教育部门应与体育部门积极进行合作，推动全国性大学生体育联赛的开展。

5. 利用校园网络丰富校园体育文化生活

现代社会，网络是一种重要的工具，为人们提供了各种各样的资源。在体育教学中，为了促进体育网络课程的发展，应注重软件与硬件资源的开发与利用。

硬件设施是基础，应对硬件资源进行规划和合理利用。一些高校正在对无线校园进行规划，校园的网络容量与传输质量主要取决于硬件资源的完善情况。硬件资源不同，容量与传输质量自然不同。在网络课程的开发中，也会涉及手机网络及其他移动网络，因此学校要与相关网络供应商建立联系、密切配合。

在网络课程的开发中，硬件资源必不可少，但软件应用产品也同样重要。软件资源囊括了体育教学中所有的教学与互动内容。体育网络教学平台由各类软件资源整合而成，师生在这一平台上可以实现良好的互动。从现有的高校体育网络课程来看，网络教学平台中的板块主要涉及以下几个：①体育教学视频和课件；②体育比赛视频赏析；③师生交流和互动平台；④体育论坛，自由交流。

6. 组建体育运动队

在加强校园体育文化建设的同时，还应积极推动学校体育运动队的建设，使得学校形成强势运动项目，吸引全校师生的目光，使其成为师生关注和讨论的焦点，发挥其促进体育文化发展的带头作用。例如，通过组建篮球运动队，积极进行训练，在中国大学生篮球联赛中有所作为，必然会得到师生的关注，提升学生投入篮球运动的热情。

通常情况下，在学校中运动队的训练是由专门的体育运动训练教练或专门的训练部门负责管理的。在组建运动队时，不仅需要确定训练项目，选拔参训运动员、选择指导教师，还要制定相应的规章制度。具体而言，学校运动队的组建应注意以下几方面的内容。

（1）确定训练项目

组建运动队首先要确定训练项目，不然后续工作无法开展，从学校的体育活动基础、师资力量、经费划拨、场地器材等实际情况出发是确定训练项目要考虑的最重要问题。

（2）选拔运动员

学校课余体育训练的主要任务是为国家和社会培养优秀的后备体育人才，因此选拔优秀的体育人才是一项非常重要的工作。目前，我国在选拔体育人才时常用的测试指标主要有身体形态指标、生理机能指标、身体素质指标等。

（3）选择指导教师

在体育运动训练中，非常重要的一部分包括指导教师的选择，合格的指导教师不仅能提高运动队的训练效率，对实现训练目标也是有帮助的。在很多学校里，指导教师或教练员都是由本校的教师担任，其他有体育专长的教师也在选择之列。如果条件允许，学校也可以聘请业余体校的教练或体育俱乐部的教练作为指导教师。

（4）建立规章制度

事实上，有比较完备的规章制度是进行系统完整的体育运动训练的必要条件，学校体育训练工作要顺利开展，并取得预期的效果，也需要有一定的规章制度作为保障。学校组建运动队时，一定要建立规章制度，这样对于学校体育训练和运动队管理力度的加强都是较为有利的。通常情况下，需要建立的规章制度较多，比较重要的有训练制度、奖惩制度、比赛制度、教练员责任制度和学习检查制度等。

第四章　高校体育教学与体育文化的发展路径

体育教学与体育文化的融合有助于我国体育事业的向好发展，本章主要探讨高校体育教学与体育文化的发展路径，主要从高校体育教学与体育文化的联系、高校体育教学中体育文化的传承及高校体育教学与体育文化的融合发展三个方面进行论述。

第一节　高校体育教学与体育文化的联系

一、体育教学是学校体育文化的黏合剂

学校体育文化的组成部分包括学校体育行为主体文化、学校体育物质文化、学校体育精神文化、学校体育制度文化等。所有这些文化相互作用、相互影响，大都以体育教学的方式发生，由此来看体育教学是学校体育文化的黏合剂。

二、体育教学是学校体育文化的基础

任何文化都需要有特定的群众基础，学校体育文化同样需要将学校体育行为主体——学生和体育教师作为主要的群众基础。要建设学校体育文化环境，将体育教学作为基础是非常有必要的。从另一个角度来说，体育教学更多的是学校体育行为主体的相互作用，是体育教师的教与学生的学之间的互动，也是体育教学的主要方式和组成部分。

三、体育教学促进学校体育文化的发展

培养学生体育精神、体育意识、体育技能，使学生的体育文化素养得到本质提升，全面推动学生身心健康发展，是学校体育文化的主要思想和目标。在体育教学过程中，开展丰富多彩的学校体育文化活动，能够推动学生身心全面发展，使学生的体育素养得到本质提升，形成健康的人格品质，促进学校体育文化整体的发展。体育教学对学生心理素质文化、体育精神文化、人文素质文化、思想品德文化的培养都有重要作用。

体育教学在培养学生心理素质文化方面的体现是：帮助学生养成不怕困难的意志，以及乐观友爱、团结合作的态度，克服自身心理障碍的能力；改善和提高学生的人际交往水平，有助于学生形成顽强的意志品格，很好地融入学生群体或者社会群体。

体育教学在培养学生体育精神文化方面的表现是：培养学生百折不挠的拼搏精神，不断挑战且超越自我的精神，友谊第一、公平竞争的精神，对真善美不断追求的精神。

体育教学在培养学生人文素质文化方面的体现是：体育教师以身作则在教堂

内外创造出有益于提高学生人文素养的健康环境；运用合理的教学方法，高效发挥学生的主体作用，使学生养成终身体育的良好习惯，强化学校体育文化对学生个体的影响；人文精神显著的体育项目，能够拓宽学生的体育视野，培养学生参与体育运动的兴趣，强化学生的主观能动性，形成轻松快乐的学校体育文化氛围。

体育教学在培养学生思想品德文化方面的体现是：体育教学不仅能对学生展开思想品德教育，而且在体育教学的各个环节均体现着学校的思想品德教育，学生在掌握体育知识的同时，也有助于自身形成优良的道德意志作风。

四、学校体育文化对体育教学质量的影响

学校体育文化对体育教学有很大影响，学校体育文化对体育教学有正向提升作用和反向抑制作用，即良好的学校体育文化可以提升体育教学的质量，反之亦然。良好的学校体育文化对体育教学的提升作用表现为：一是能够充分调动学生的主观能动性，激发学生对体育运动的学习兴趣，陶冶学生的道德情操，推动学生身心健康向好发展；二是可以强化学生的竞争意识与团队意识，克服限制，超越自我，培养学生的创新精神，实现学生综合素质的全面发展。在学校文化建设中，学校体育文化具备的价值极高，体育教师应当积极开展和参与学校体育文化活动，充分发挥自身的指导作用，而学生应当加强在体育文化活动中的参与体验程度。教育性是学校体育文化价值的显著体现，同时体育文化核心也是"育"。学校作为传授知识的重要场所，集智育、德育、美育于一体，而学校体育教学同样是集智育、德育、美育于一体。因此，在不同学校中，体育教学及其衍生活动都是必不可少的必修课程与业余活动。学校体育文化建设滞后的学校，其体育教学质量也堪忧。学生和教师对体育教学中的体育活动的参与度、参与态度、教学效果等都不能令人满意，所以要提高学校体育文化建设以此促进学校体育教学质量的提高。

第二节　高校体育教学中体育文化的传承

人类长时间的体育运动实践是体育文化形成的基础条件。体育文化在形成的过程中表现出其自身的特征。体育文化是人类拥有的诸多文化财富中的一种，在高校体育教学实践中，必须把发展起来的体育文化传承下去这一任务放在重要位置上。

一、体育文化的传承机制

作为人类社会文化的重要组成部分，体育不仅是物质、制度和精神文化的综合体，更是涵盖了体育物质文化、体育行为文化和体育精神文化等方面的综合体。与其他的人类文化一样，体育文化也致力于促进人们身心健康的全面提升，推动社会政治、经济的全面进步。体育文化的实质归属于文化范畴，其体现不仅限于体育器材设施和体质健康等物质方面，还包括体现在精神层面的知识、规则和制度等方面。体育文化的繁荣发展在很大程度上依赖于传承，然而由于体育文化的传承属性具有迁移性，因此在具体的教学情境中，体育文化将从情景教学向非情景教学转移，最终在公众中进行更加广泛的推广。众多学者的实验结果表明，当面对大多数成员的一致行为时，个体常常会经历一种负压过度的现象，这种现象会引发从众行为。

社会心理学家认为，一个人与团体保持一致的行为及态度的原因是当他承受团体行为一致所带来的压力后，为了提高安全感而努力从与团体的冲突中解脱出来，从而做出相关决定。

个体受群体影响的方式主要是感染或同化。个体在群体精神层次的影响下做出与群体保持一致的行为，这一过程中，人与人之间相互作用和影响，形成了一系列连锁反应，最终导致个体行为普遍趋向于多数群体。

学校体育文化传承也受到社会文化生活过程中从众行为的影响，学校主要是通过传递特有的信息来实现对个体的体育文化传承，其信息主要表现为以运动技术为主的体育文化，也就是教师或者体育骨干将体育文化价值观的具体行为操作直观地呈现和传达给学生，形成浓厚的感染氛围，这对影响个人决策起着关键作用。当个体接收到有用的信息后，他们会通过自身行为将其表现出来，随着时间的推移，这种行为一直在重复进行，个体也会不由自主地进入体育文化传播者的队伍中，具体表现为养成终身体育的习惯，并逐渐推崇体育理念。

在学校的体育教学中，可以发现部分人群的体育文化素养要高于平常人，同时还熟练掌握着体育文化的操作性知识。高水平群体与较低层次个体间的差异就表现出来了，这一差异给较低层次个体带来群体压力，使其改变了自己以往的行为与信念，从而出现从众行为。若在这一阶段学校出现了拥有更高水平的运动队时，那个体的压力会成倍增长，同时受到学校体育文化强烈的感染而产生信息交流，形成体育文化研究的风气与热潮，进而促进学校体育文化的继承与发扬。

二、体育教学中学校体育文化理念的转变

(一) 树立终身体育教学理念

实践证明,积极转变体育教学理念尤为重要。单方面以提高在校学生的身体素质为目标的教育理念,会忽视终身体育与体育教育的长远效应,学生走出学校迈向社会后难以持之以恒。而秉持推动学生全面发展的体育教学理念,就是将提高学生身体素质设定为长期目标之一,将培养体育意识与体育心理等放在突出位置。个体终身参与体育锻炼与接受体育教育,即终身体育教育,这一理念在高校体育教学中的作用十分重要。

学校体育课程设置的改变也反映出学校教学理念的改变,将符合学生实际需求的选课形式作为体育教学结构的基础,这是我国高校体育教学理念改革的重要表现,也是发展学校体育文化的趋势,更是学校体育以人为本宗旨的充分体现。体育教学领域终身体育能力的培养是体育教学的一项重要指标。学生的体育能力水平不仅影响其自身的学业成绩,还对其终身体育能力产生重要影响。终身体育能力的培养需要合理的引导,体育教学改革就是要建立在对其能力具有引导意义的指标体系框架内,完善其制度,使其有据可依。高校体育教学以终身体育为目标的教学理念,形成内外环境条件的配合,最终达到学生内在学习动机和外在学习策略对其终身体育能力培养的双重保证,进而完成培养学生独立思考能力和创新能力的目标,为学生提供独立学习、适应社会等方面所需要的技巧和能力。人类在个体的不同成长时期和阶段都应当密切联系自身实际需求,积极接受体育教育,参与和自身情况相符的体育锻炼,并坚持不懈才可以实现预期的锻炼目标,这是终身体育思想的体现。

树立终身体育思想的目的主要包括两个方面:一方面是使个体在不同人生阶段坚持学习体育知识与技能,同时积极参与体育锻炼;另一方面是合理衔接个体不同人生阶段的体育需求,为实现完整、连续的体育教育提供保障。

(二) 实践终身体育的教与学

在实际生活中,人们应将自身实际情况和体育锻炼内容与方法有机结合,根据自身变化对锻炼内容和方法进行合理调整,树立终身体育意识。具体来说,一是终身学习者获得体育锻炼的途径和方式,应是体育教师在体育教学中传授的;二是体育教学应是让学生掌握特定锻炼方式和多种体育锻炼方法的相关技能,具备快速搜集和运用体育锻炼方面的最新消息的体育自学能力,从而养成良好的体育

锻炼习惯和创新意识；三是体育教学应该多方面调动学生体育运动的主观能动性。

从不同角度看，终身体育可以分为两个方面。

一是学校教的方面。终身体育是将目的与途径设定为体育系统的整体化、科学化，向学生个体传递各人生阶段进行体育锻炼的终身意识的实践过程。学校是学生接受正规系统教育、健康教育时间最长，形成正确健康观的最佳时期和场所。完善的体育学习对提高学生的体育创新精神和实践能力具有重要作用。学校应切实提高体育教学的效益，发挥体育的价值功能，让学生真正感受到体育的乐趣和作用，从而为培养学生的体育意识、体育能力、终身体育习惯打下基础，让体育切实为学生服务。

二是学生学的方面。个体在其一生中持续参与体育活动，实现提高身体素质和促进身心健康的目的。学校体育教学、各项体育文化活动的开展对学生体育技能的学习起到了积极的推动作用，但是学校体育教学的开展过程中也存在一些问题。例如，陈旧的教学模式机械地分裂了教与学的过程，违背了以学生为主体的教学模式的主旨，导致教师的"教"与学生的"学"脱离，成了教学过程中两个分离的环节。因此，要扩大学生自主互动学习方法的应用比例以及学生自主练习的空间和时间，增加练习密度并加强交流，激发学生自主学习的主观能动性，提高学生的体育兴趣，加强学生的体育理解力，达到提高学生自主学习能力的目的。学生自主互动学习方法的课堂设计，要以学校体育教育的规律为基础，创新学生自主学习方法，构建行之有效的自主教与学的互动模式。

三、高校体育教学中传承体育文化的策略

（一）注重学生在文化传承中的重要性

动态性是传承体育文化的显著特点，传承是延续体育文化的重要条件，传承体育文化的载体是人。体育文化的传承从本质上讲属于人的创造性活动，所以传承文化和发展文化的最终结果取决于人的素质。由此，在传承学校体育文化的过程中，传承人扮演着关键角色，只有传承人不断提升自身的综合素质，充分发挥自身潜质，汲取各方面的优秀成果和经验，才能充分掌握与吸收体育文化的精髓，从而更好地传承和发扬体育文化。

1. 认识学校体育传统，树立终身体育观念

学校体育的发展逐渐成为社会发展与文明演进的标志和动力。体育文化的发展和传承始终贯穿学校体育发展的中轴线。可以说，学校体育是传统体育文化和

现代体育文化发展的基础。学校体育教育中的足球、篮球、网球、体操、健身、健美等体育项目吸引着最普遍的爱好者，我国传统体育文化也在学校体育领域逐渐占有重要位置，越来越受到学生的欢迎。学校体育中的传统体育文化，可追溯到孔子提出的"六艺"中的"射""御"，已经成为学校体育教学的重要组成部分。学校体育传统与现代协同发展，实现了学校体育文化的推广和普及。据统计，在我国每年有一亿多学生达到国家体育锻炼标准，有三亿多人经常参加各种传统体育活动。①

学校的体育文化是一种独特的文化特质，它综合反映了学校的体育办学方针、办学成就、领导作用及体育风气等因素。学校体育文化的延续和发展离不开学校体育传统的支撑和推动。苏联一位著名的教育家曾经指出："任何东西，也不像传统那样巩固集体。培养传统、保持传统是教育工作中最重要的任务。"被学校体育文化所包围的人，在其进入学校的那一刻就已经处在学校体育传统之中了。学校体育传统本身就是一种浓厚的体育文化气息。学校体育传统作为文化模式在学校体育中的具体表现，需要通过长期的积累与沉淀才能逐渐形成。在学校体育传统的影响下，学校创设的氛围使每一个成员既能感受到归属感、安全感与自豪感，又能在这种氛围中调整自身的心理与行为，从而与群体的行为保持一致，实现文化整合。

学校体育教学有助于引导学生养成良好的体育习惯，同时还能激发学生对体育运动的兴趣，进而使学生树立终身体育的观念。因此，学生在体育课堂内外要自觉地接受学校优秀体育文化传统的熏陶，能较快地适应新环境的要求，改变原来不适应学校体育传统的行为与习惯，传承和弘扬学校的优秀体育文化传统。

2. 培养体育欣赏能力，提高体育活动的参与度

体育欣赏能力是培养学生体育兴趣的基础。体育运动除了其显而易见的益处，即能有效地增强体质，健全人体各种生理功能，塑造矫健、强壮的身体外，还有其特殊的感染力。随着体育文化的发展及其内容的不断丰富，体育的文化内涵越来越多、精神阵地和艺术色彩越来越丰富，体育潜移默化地感染、熏陶着人们。观赏体育竞赛也成为向青少年实施审美教育的特殊途径和有效手段。因此，在学校体育教学中，学生不仅要注重锻炼自身的体质及体育技能，还要注重培养自身对体育艺术的欣赏能力和审美情趣。

首先，在欣赏体育竞赛的过程中，应该深刻认识到其中蕴含着许多美的元素，只有这样才能明白这些元素之间存在着紧密的联系和区别，才能让美的形象更加

---

① 沈竹雅：《大学生体育运动与体育文化研究》，吉林出版集团股份有限公司2021年版，第69页。

清晰地呈现出来。其次，要掌握适当的体育比赛观赏技巧，保证最佳的观赏效果。要想增强学生对各类竞技项目特征的认识和对多样化体育运动的鉴赏能力，就必须发展学生的自主意识并划分整个运动形态，揭示体育运动美的一般规律，让学生了解各个运动项目对人体健美的益处，以提高其体育观赏效果与审美情趣。国外有学者对运动美的要素进行了分析，运动美主要包括实践性、空间性、坚韧性、精致性、愉悦性、优雅性。学生可以根据运动美的要素有意识地欣赏体育赛事，进而激发自身的体育兴趣，提高参与体育活动的积极性。

另外，学生通过观赏体育竞赛，可以培养自身的体育精神。例如，运动员在赛场受伤，即使知道这次比赛会没有名次时，也仍坚持到比赛结束，而这些运动员的坚强意志就是体育运动中的宝贵财富。由此，学生会加强对体育精神的认知，在这些体育精神的影响下，对培养学生的综合素质也是十分有利的，同时也激发了他们从事体育锻炼的浓厚兴趣。

3. 提高体育素养，传承校园体育文化

体育素养的概念包含多个方面，是一个综合性的整体，分别包括人们通过学习获得的体育知识与技能，并在此基础上形成正确的体育观念、价值观念及人际交往态度等方面的重要内容。从素质教育角度看，体育素养是依据人天生就有的条件的基础上，加上在环境与体育教育后天的影响下，培养人的社会能力与体育能力相结合的综合体育素质。体育素养所包含的内容主要有六个方面，分别是体育知识、体育技能、体育意识、体育品德、体育个性和体育行为。文化传承是一项需要创造性思维参与的活动，需要人们发挥自己的创造力。人们的素质水平决定着文化发展速度和水平。当今时代的大学生已成为传承体育文化的中坚力量，他们不应仅仅是记录和传承人类历史上杰出的体育文化的继承者，而应该在传承的同时汲取经验，以综合创新的方式积极创造紧跟时代发展潮流的优秀文化。唯有全面提升学生的体育修养，方能确保他们真正肩负起传承体育文化的历史使命。

如今的高校体育教学是一个开放式的教育，因此高校要积极与校外的社会体育团体合作，学生对体育的学习不仅局限于实际的课堂和校园内部，体育内容和形式的多样性为学生参与体育活动提供了多种选择，但是也对学生的选择能力提出了要求。学生应该在正确认识学校体育传统和有足够体育欣赏能力的基础上，有效地传承学校体育文化，同时在终身体育观念的指导下积极参与体育活动。学生还可以积极发挥自己在体育方面的创新思维，如组织一些学生自发举办的竞赛活动，如街头篮球对抗赛、太极演练等，利用自身的影响力激发周围学生的体育兴趣，从而为传承学校的体育文化贡献自己的力量。

（二）构建"四位一体"的教育模式

"四位一体"教育模式包括课堂体育教学、课外体育活动、体育竞赛和校园文化环境。为了实现培养学生的体育文化与传承体育文化这一目标，教师可以将体育教学与理论教学、传授技能、课外锻炼相结合，从而让学生学到更多的体育文化知识。

1. 对课堂体育教学进行改革

唯有打破传统的体育教学范式，方能提升学生的体育文化素养，通过创造轻松愉悦的氛围，让学生感受到体育所带来的乐趣，从而长期参与体育锻炼，增强学生身体素质。创造一种充满活力、自由洒脱、愉悦快乐的氛围，优化教学环境，促进多向信息交流，克服刻板教学的影响，这将对体育文化教育产生积极的促进作用。教师应该加强对学生的体育文化教育，而不仅仅是片面地开展竞技运动训练，更应该通过传授体育锻炼方法和培养高品质生活方式，帮助学生养成良好的运动习惯，并为他们终身进行体育运动奠定坚实的基础。因此，当代体育教育体系应该是集综合理论知识、文化素养传授和快乐的运动体验于一体，同时将课内和课外活动融为一体，从多角度综合发挥作用，以促进学生的生理、心理发展。

2. 对课外体育活动进行改革

在对课外活动进行改革时，要先对课外体育活动有一个正确的认识，即课外体育活动是对体育课的延伸与补充，需要教师有目的地对学生进行指导，而非简单的器材分发或监督活动时间。对于学生的课外体育活动，要满足以下要求：一是在课外体育活动中让学生将课上所学的理论知识充分运用到实践中；二是让学生在课外体育活动中尽情地发挥自己的潜力；三是督促学生养成良好的运动习惯。将课外活动有机地融入体育教学体系中，使其成为学校体育教育不可或缺的重要组成部分，这是因为课外体育活动承担着传承和弘扬体育文化的使命。体育本身所具有的形式是多种多样的，因此在呈现形式上也应该是多种多样的。诸如俱乐部、学生体育组织、各类体育协会与社团组织及体育知识专题讲座等，均可作为体育活动的表现形式。

3. 对体育竞赛进行改革

要想全面提升学生的体育文化素养，只有对现行的体育竞赛制度进行改革，即从体育竞赛的理念、形式、内容、规则等方面入手进行革新。可以从改变体育文化传递这一角度考虑具体可行的方案，可考虑在校园中开展体育节。有以下几点原因：一是"节日"有吉祥如意、喜庆祝福、幸福美满等含义，能唤起人的感召力与团聚力；二是"节日"既能扩大时间、空间，又能扩大内容与形式，更能使人们深切地体会到节日的独特韵味。

4.加强对校园体育文化的建设

在培养学生的体育文化时，需要考虑很多因素。不仅需要注重在日常生活中增长知识与提高能力，也要不断完善自己的思维意识体系，还要积极提高自身的世界观、人生观与价值观。学生体育意识与体育价值观的塑造受文化环境的影响，这一影响是不容低估的。因此，学校可以把有关的宣传资料分散在校园内，还可以做宣传牌，需要注意的是，内容要广泛，可以包括项目名称、技术要领、锻炼效果及注意事项。还可以感染情绪，如将名人名言挂在墙上，宣传健身、参加体育锻炼等对身体的多种益处。还可以在体育馆门口设置一条精美的宣传长廊，其内容可以涵盖运动对人身心带来的积极影响、合理的营养搭配方式，以及准备活动和正常生理值区间的不同年龄层次的正常范围，其中包括身高、体重、血压、心率、肺活量和骨密度等相关数值区间。通过这些方法激发学生对体育文化的终身追求，进而促进体育锻炼的不断发展和传承。

第三节　高校体育教学与体育文化的融合发展

一、体育教学与体育文化融合发展的途径

（一）营造高校体育教学的良好氛围

体育教学的长久发展离不开高校体育文化的支持。丰富多彩、趣味性强的高校体育文化不仅能让体育活动变成学生热衷的一种文化活动，而且还能激发学生的潜力、促进学生能力的培养和文化素养的提高，更是承担学生由"自然人"走向"社会人"的任务。高校的体育文化活动给学生搭建了广阔的平台，使其能够在这个平台上构建并充实精神世界。只有有着浓厚的体育文化的校园，才是具有优良文化底蕴的校园，才是充满活力的校园。在体育文化的滋养和传播下，公平、团结、自强、自信、健康的体育精神以其独特的魅力潜移默化地影响学生的课堂和课余生活。在校园文化中，体育文化是一项参与人数最多、影响范围最广、持续时间最长、对人产生深远影响的文化活动。高校的师生和教学都能够在体育文化环境中接受熏陶，并从文化氛围中汲取营养，潜移默化地接受教育，以不断追求卓越。在校园中，体育文化默默地渗透教师和学生的内心深处，无声无息地发挥着作用，从而对体育教学的方式和效果产生着深远的影响。由此可见，校园体

育文化是具有渗透性和暗示性的。

一方面，校园体育文化是以教师为主导、以学生为主体的课堂教育形式，为学生体育知识、技术、技能等方面的学习和发展提供了有利的外部环境。通过体育运动、严格的体育规则、规范的体育动作及结合生命科学进行体育指导，参与者能够深刻感受到体育运动带给身体的无限变化，从而在心灵深处接受校园体育文化的引导和熏陶，逐渐融入自身的潜意识中。另一方面，在改善校园人的知识结构、促进身心发展方面，课余体育活动发挥着不可或缺的作用。由于其独特的体育文化属性，常常能够营造出一种亲密无间、相互信任的心理氛围，从而实现以集体荣誉为共同目标的价值取向，形成共同的道德准则和一致的信念。在体育文化的熏陶下，以及为了共同目标而不懈奋斗的激励效应下，广大师生能够自觉地产生集体荣誉感，拥有强烈的责任感和使命感，每个人都会付出自己的努力来实现目标。在体育教学过程中，由于集体力量、公正、公平等原因，会激发出人们勇往直前的教育力量。在实现体育教学目标的同时，激发广大师生对人文精神的感悟和发扬，并在追求真理的过程中勇于探索。

（二）在高校体育教学中培养学生的主体意识

高校应当致力于培养具备全面发展、自主精神和创造力的人才，特别是要激发学生的自我意识，以符合当前时代的需求。在对象性活动中，主体扮演着发起人的角色，而客体则扮演着接受者的角色。在教育活动中，学生的主体意识体现在教师的指导下完成任务和发挥应有的作用，主要体现出自主性、主动性和创造性。教育的核心在于学生发挥主体意识，这也是素质教育的根本要求所在。高校学生在教学活动中的自主性主要表现在以下两个方面：一是展现出独立自主、不易被他人左右的坚定自我意识，同时在教师的启发和指导下，积极探索并推进自身能力发展的方法；二是在接受教育时，应当全面了解自身的才能，自我调节和支配学习活动，以充分发挥自身的潜能和主观能动性。

学校体育教育的核心目的是增强学生的身体素质、促进学生身心健康的发展。要达到这一目的，仅靠体育教育的时间是远远不够的。因此，只有借助校园体育文化的广泛普及和深入熏陶，才能提升学生的认知水平，增强对体育锻炼基本技能的认识，使学生能自主、自觉地进行体育锻炼，从而形成终身体育意识。

在推进体育文化建设的进程中，其内在蕴含着许多能够激发学生体育热情，培养其参与体育锻炼的认知和意识。在体育文化建设中，经常采用竞赛的形式鼓励学生积极主动参与体育活动。体育竞赛作为一种广泛应用于体育展现教学的教学方式，不仅能够激发学生的体育活力，而且参与内容极其广泛，深受学生欢迎，同时还能快速有效地调动并激发学生群体的上进心、竞争意识和集体荣誉感，激发学生的自我能动性，进而使其赢得竞争。

另外，还有助于培养学生的集体主义思想观念，在为集体荣誉而努力时获得个人荣誉。在冬季体育教学中，可以策划并组织一些大大小小的拔河比赛以吸引大部分学生积极参与，小到组内比赛，大到班与班之间的比赛等。随着现代体育运动的多样化，在进行拔河比赛的同时，还可以进行啦啦操比赛，让观看比赛的学生参与到啦啦操的评比中，这不仅能大大增强比赛的趣味性与参与感，还能让学生共同探讨和制定策略，为赢得比赛而贡献自己的力量。

此外，除了采用竞赛的形式，还鼓励教师开展多元化的体育教学活动，这也能极大地促进学生主体性的发挥。在体育课程的设置中，要充分尊重学生的主体意识，不仅要设置能满足男生要求的教学活动，还要设置能满足女生要求的教学活动，即男生喜爱竞赛性强的项目，那么就可以设置足球、篮球等体育课程，而针对女生喜爱的运动项目，可以设置体育舞蹈、羽毛球、体操等课程。此外，为了挖掘学生的运动潜力，体育文化建设鼓励采用多元化、创新性的教学方式和手段，以促进体育教育的发展。在体育文化建设的推动下，教学过程中需要采取多种措施，以满足学生独特的、以自身特质为基础的合理需求，从而激发学生对体育学习的兴趣，并充分发挥他们在教学中的主体地位。

（三）充实高校体育教学的内容和形式

体育活动支撑着高校的体育文化建设，需要注意的是，体育活动要有各种样式，且要丰富多彩，如运动会、体育节、社团建设等，这不仅可以改善其他教学模式和传统体育教学模式简单、枯燥乏味的现状，同时也可以为学生提供更广泛、更深入的学习体验。这些独具匠心、多姿多彩的校园体育文化活动，不仅能缓解紧张的学习压力，也能为校园生活增添丰富多彩的色彩文化。在全面建设体育文化的时代背景下，我国高校的体育教学任务应主要围绕体育专业内涵深化与扩展来展开，并考虑社会对人才培养的要求来进行，建构科学合理且具有广泛的知识结构的课程体系。

在新时代，对于体育教学课程的要求越来越高，因此需要采用创新的教学方法，以鼓励教师进行相关的教学研究工作，从而培养学生的探索精神，让他们在多元化的教学方式中提高创新意识和能力。此外，高校可以探索并融合多种教学组织模式，包括小群体教学法、互动式教学法、合作教学模式等，以达到更全面、更创新的教学效果。在进行理论性体育教学时，为了能让学生有更加生动且直观的印象，可以在统一授课方式的基础上融入多媒体教学手段。将理论知识巧妙地融入体育技能课的教学中，使理论知识能够在实践中得到充分发挥。为了切实推动体育文化的发展，必须确保体育教育的内容具有良好的口碑和传播效应，为了实现广泛传播，体育教育可以将教学地点从校内延伸到校外，将人才培养与学科专业特色发展融为一体，将统一要求与个性发展相结合，从中探索出创新型人才培养模式，这不仅能强化人才培养的个性，还能切实适应社会对于人才的需要。随着高校体育教学形式的不断丰富，学生的参与度和创造力也将得到极大的激发，从而激发学生参与体育锻炼的浓厚兴趣。随着现代社会文化事业的蓬勃发展，越来越多的学生在业余时间选择前往健身房、舞蹈室或其他类型的体育运动工作室等场所参与体育锻炼。之所以会出现选择课外体育活动的现象，这是因为课外体育活动更具趣味性与多元性。这也说明在当今体育文化蓬勃发展的背景下，高校的体育教学形式应当更贴近学生的实际需求，更能够满足学生多元化的需求，唯有如此，才能避免被具有商业属性的课外运动所替代。在大力提倡建设体育文化的口号下，摆在学校面前的不只是文化建设中主体性地位的问题，还有被动面临竞争的迫切性问题，所以为增强参与广泛性与体育教学效果，应致力于采用更具活力的体育文化形式，如通过开设体育俱乐部、体育社团与举办体育文化节等形式来调动学生的积极性与创造力。

（四）促进高校体育教学文化理念的更新

在推动经济发展与社会进步的因素中，先进的文化理念是最重要的因素之一。中华民族伟大复兴离不开高度自信和繁荣的文化底蕴。为了促进体育文化建设的繁荣，体育教学必须紧跟时代潮流，体现出强大的生命力和适应性。为了确保高校体育文化的生命力和跟上时代的发展步伐，高校在开展体育教学时必须不断更新教学理念，采用规范化和法治化的教学体系，并制定相应的政策和管理方法，以适应时代的发展需求。

一是高校应改变传统的体育教学模式，摒弃功利性理念。要想保证社会主义文化建设能够有效实施，需要做到以下几点：强调学生的主体地位；尊重学生在体育方面的权利；根据学生在兴趣爱好、身体素质等方面的个体差异，构建和谐、平等的师生关系；促进学生在体育运动方面的自由发展。在社会主义核心价值观的推动下，高校要制定有针对性的相关政策和管理方法，同时还要符合学校的体育教学情况，确保高校体育文化具有蓬勃的生命力，能体现时代发展的气息。为确保所有学生都能积极参与体育教学，需要大学体育课程的建设具备大众化的特点，从而使学生在毕业后仍能持续进行身体锻炼。当前的高校体育教学普遍存在重技能技巧训练、轻体育健身教学的现象，为了改变这一现状，高校要积极进行改革，树立"健康第一、运动快乐"的体育教育观，从而营造一个良好的高校体育教学文化环境。

二是传统的体育课程教学观强调动作技术的掌握和技术水平的提高，因此在体育教学中，学生掌握各项体育运动技术被视为首要目标，而基础理论教学内容所占比例相对较低。在当前体育文化日益繁荣的背景之下，体育教学内容应将理论和技术相结合，在基础理论与运动技术协同发展的前提下，既能提高运动技能，也能培养综合能力，突出人文知识素养与创新意识的重要性。在新时代的体育教学观中，应以培养学生的人文素养为主要内容，并将体育技术的历史演变和人文精神内涵等相关知识融入其中；训练学生正确运用运动基础理论知识，以具有创造性的方式将其运用到实际锻炼中，从而增强身体素质。

二、体育教学与体育文化融合发展的反思

（一）普通高校体育教学中体育物质文化建设的缺失

高校体育教学中物质文化建设的缺失主要表现在两个方面。一是体现在体育教学中运动器材提供的数量与质量上。高校在进行物质文化建设时，往往只关注体育场馆规模的物质文化方面的建设，而忽视了对运动器材在体育教学过程中的意义认识及对运动器械的了解。二是体现在体育教学中图书资料和多媒体工具的使用未能达到教师和学生的期望。传统教学方式的束缚及校方未能采用其他课程类型的教学方式，导致在体育教学中，多媒体工具的录入使用和图书资料的购买往往比其他课程少得多。实际上，在当今网络经济蓬勃发展的社会中，学生已经逐渐适应了多媒体工具的使用，因此多媒体工具将成为新时代体育物质文化建设的最为重要的方面之一。

（二）普通高校体育教学中体育精神文化建设的缺失

在高校体育教学中，体育精神文化建设的缺失主要表现为学生只理解体育教学的浅层价值，教师所传授的体育知识则过于单一，缺乏理论性，同时体育教学方法的多样性和体育教师创新能力的不足也是一个问题。在学生的心理素质、道德和智力方面，体育教学具有重要的潜在价值，但这些潜在的深层次价值只有极少数学生能够察觉到。当前阶段，校园体育精神文化的发展与兴盛受到了严重制

约，因为人们对于体育教学活动的传统理解仍然停留在原生层面上，对体育教学活动也保留着传统的认知。在体育教学中，未充分考虑到培养人的社会属性。在高校体育教学中，过分强调技术性和身体机能的提高，忽视了体育文化对学生意志、道德及人的社会属性的培养。在体育教学过程中，在大部分教师所传授的知识中，占比最大的是技能知识和娱乐健身知识，而单一的技能知识占比较小。这是在现阶段的高校体育教学中，重技能训练、轻理论知识讲授在推动体育文化发展和培养人才方面的至关重要性的表现。

在现代网络技术不断成熟的背景下，学生获得知识的途径更加多样。但是因为多数教师仍采用传统的授课方式，仍有多数学生接受的是传统接受式教学方法。为了改变这一现状，教师不仅要在体育教学过程中提升创新能力，还要在教学方法、场地规划及器材管理上加强运用创新精神。

（三）普通高校体育教学中体育制度文化建设的缺失

大多数高校在体育教学方面采用的是监管体制，而缺乏有效的激励机制。制度文化的内涵不应仅限于规范行为的制度，还应该包括激励行为的制度。激励行为制度是我国体育制度文化建设的主要缺陷，也是未来建设的重中之重。在完善高校体育教师的教学激励制度和机制的同时，必须建立一套科学而有效的体育教师教学评价体系、制度实施机制和平台，以有计划地指导和激励高校体育教师，从而使其在推广体育文化方面发挥出重要作用。

三、高校体育教学中体育文化建设的改进路径

（一）高校体育教学中体育物质文化建设的改进路径

1. 加强体育设施在体育教学过程中的教育导向和文化传播功能

第一，学校体育器材及场地设施属于硬性的物质文化，即使没有教师的指导，学生也能自主使用。要保证学生安全、科学地进行自主锻炼，学校可以赋予运动设施一定的教育性。例如，可以在每个体育设施四周设置"提示牌"，提示牌的内容主要有活动项目名称、使用方法、锻炼哪方面的身体技能与素质、使用注意事项、使用评价标准、使用示意图等，引导学生有针对性地运用运动设施和器材，并形成系统化的认知，以提升学生的体育文化素养。此外，还可以在体育场馆旁设置多个享誉国际的体育雕塑，增添名人简介和获得的荣誉等，为学生营造一种良好的体育氛围。

第二，开展体育教学前，体育教师需要对所用器材与设施进行系统化讲解，

不仅要让学生专注于运动训练，还要帮助学生构建系统化体育思维。通过加强对体育设施的关注和学习，学生可以深刻感受到学校领导和教师对体育事业的热情和专注，可以进一步深化学生对体育文化的感悟，从而利用物质设施更好地传播体育文化和精神。

2.强化设计体育人文景观，提升体育物质文化品位

随着高校扩招的不断推进，高校的招生人数也在不断增加，这使得教学基础设施的建设力度不断加大，教学环境得到了显著改善，然而在物质和文化环境建设方面，除了必要的装备、器材和教学环境，还需要注重整体构建的人文景观。通过在校园内深入挖掘体现学校体育文化特色的人文景观，可以展现出学校独特的精神风貌和所传递的价值，从而营造出具有浓郁学校特色的文化氛围，同时也可以大大丰富普通高校的体育物质文化，实现对学生的潜移默化的教育。不同的学校有着不同的办学历史、教育理念、教育区域和教育方式，校园文化和时尚体育文化的影响程度也各不相同，体育文化特色明显地体现在学校体育场馆的建设、布局和体育雕塑等综合体育人文景观的创造上。

3.创新体育教学中对空间和设备的利用

校园内的体育建筑、体育场馆、雕塑不仅有强烈的象征意义，其本身就是一种文化现象，这些文化现象以具象的形态作为体育文化与体育意识的载体，体现着人们的价值观，同时这些文化还能不知不觉地让人们受到熏陶与感染。所以在开展体育教学时，要充分发掘学校空间潜力、精心策划体育场地布局、因地制宜地促进体育文化活动开展、积极建设场馆增添设备，同时还可以促进体育宣传橱窗、体育展览室、校园体育网等新兴空间的利用。为保证体育教学顺利实施，在体育教学的场馆设置上必须进行科学布置与安排。

体育教师应当激发学生的创新思维，使其对现有的体育设施进行多元化的开发，以满足不同需求。通过不断创新教学方法，体育教师能够巧妙地开发和利用场地空间及设备，同时还能激发学生的学习热情，满足不同层次学生的需求。在新时期背景下，以计算机为中心的信息技术对体育教学设备和教学方法进行整合，能够使教学内容更加生动、科学和全面，并且还更加易于学生接受。如在体育教学中，动作的连贯性较强，教师在讲解和演示时容易遇到困难。但是，利用信息技术，可以通过慢放、重放和其他方法来缓解教师反复多次演示，而学生仍然无法掌握要领的尴尬局面。同时，许多技术动作都需要通过对自身肌肉群的了解和感知来带动练习，因此教师在讲解此部分内容时，就可以运用多媒体技术，在讲解肌肉解剖图的同时，对学生的动作进行指导。

随着全球化和互联网技术的发展，教师和学生可以通过网络互动教学了解国内外的体育教学情况，同时教师还能将体育声像及图文资料展现在学生面前。例如，我国有些高校与美国的高校建立起密切合作的关系，而美国高校由于盛行体育文化，因此有着多样性的体育活动，此时，中国高校就可以通过互联网借鉴美国高校的学习方式与经验。由于体育学科自身的发展，新型的体育教学内容需要依靠数字化的动态演示进行教学，这是网络教育在体育教育中的有力补充。另外，体育教师也要跟上社会发展的新潮流，充分利用社会资源对体育教学中需要的设备加以补充，如教师可以在课堂教学中利用共享单车进行身体素质训练。

（二）高校体育教学中体育精神文化建设的改进路径

1. 强化学生在体育教学和体育精神文化建设中的主体地位

在当前的体育教学中，仍然采用的是以教师为主导，学生是参与者与学习者的教学方式。然而在高校体育精神文化建设中，学生才是主体，这也就导致了在体育教学和体育精神文化建设中两者的主体是分离的。只有将体育教学和精神文化建设的主体融为一体，方能更有效地推动两者的融合。

在体育教学过程中，可采取多种形式来调动学生学习的主动性并让学生成为核心参与主体。现代社区里有着异彩纷呈的体育运动活动，因此学校可以积极与社区合作，把体育这门课程移植到社区中，举办以学生为主体的体育活动，让学生在社区里扮演教师的角色，并对社区体育运动与竞赛进行专业指导与训练，这不仅能帮助学生锻炼组织指导能力，更好地了解体育知识，还能促进学生掌握体育技能。此外，教师可以对体育教学内容进行创新设计，以此来激发和强化学生在整个体育教学中的主体地位。比如，可以以游戏的形式在课堂上分组开设健身活动，让学生充当健身教练，在这个过程中，学生将在非体育课程时间内进行多种选择，并进行精心设计和多次彩排，以在有限的时间内展示或完成各种体育项目的技术动作，从而吸引学员的注意力。教师可以要求学生在一周内准备好教学内容，最终以人数最多的小组获胜。通过创新设计课堂内容，教师不仅能够激发学生的主体意识，也能够引导学生在体育课程之余积极参与各种体育活动，从而营造出一个充满活力的校园体育氛围。

2. 强化体育教学中对特色体育文化的建设

我国地域广阔，有着众多的民族，因此在不同地区的人们不仅在传统体育习俗与方式上存在差异，在体育观念和兴趣爱好上也存在差异。因此，在进行体育教学时，教师不仅要遵守国家规定，还要根据不同地区学生的身体特征和习惯、爱好及体育物质文化等，开展具有特色的精神文化建设。一般情况下，我们可以将高校按照地域划分为发达地区的高校和偏远地区的高校，尽管它们的物质条件各不相同，但它们各自拥有独特的优势。虽然偏远地区的高校的物质文化不如城市地区的发达，但偏远地区的高校可以充分利用自身独有的自然优势开展户外体育运动，如可以依靠河流山川等地形开展登山、划龙舟比赛等。而发达地区的高校由于经济实力和体育信息的强大，其体育教学应该更具有时代感和科学性。借助学校所提供的体育设施，可以策划和实施一系列富有创意的体育文化活动，还可以举办各种体育知识讲座。

此外，针对不同的文化传统，不同的学校应该开展具有针对性的体育教学活动。一般情况下，学校具有优势的体育项目与体育文化背景会影响学生的体育兴趣、爱好与习惯，因此学校的体育教学应该加强优势项目与体育文化背景的建设。这些项目通常能够吸引更多的学生，同时增加对这些项目的投资，可以使这些项目成为学校的象征。这不仅能培养学生的自豪感，还能吸引外部投资。因此，学校要以体育文化为背景开展体育教学活动，突出传统体育文化建设，弘扬地方体育文化传统，提高学生参与体育活动的积极性。

3. 延伸体育教学为体育精神文化建设提供的平台

目前，在高校体育教学中，除了课堂授课，体育竞赛、体育知识讲座及体育文化节已成为体育教学的重要形式。这种形式涉及的范围很广，涵盖体育和健康、科学和体育、运动和损伤等方面。我国众多高校已经在体育教学形式和教学手段的丰富上取得了成效，同时在体育精神文化方面也取得了长足的进步和发展，但体育教学活动仍需与时代潮流相融合，不断推陈出新。另外，许多高校还经常邀请校外知名体育专家或者优秀运动员来校举办讲座，以此来激发学生的体育兴趣、增强其反应能力和竞争意识。在此基础上，学校应积极扮演好引领角色，配合社会、家庭共同为体育精神文化建设搭建更广阔的服务平台。例如，在大学体育教学过程中，可以利用中小学体育比赛的形式举办亲子运动会和体育竞赛，邀请学生家长积极参与大学生运动会，这不仅能促进大学生和家长之间的紧密联系，同时还能使学生家长亲身感受校园体育文化的塑造过程，使其成为校园体育文化建设的有力传播者，同时也有助于提升学校的声誉。

（三）高校体育教学中体育制度文化建设的改进路径

1. 加强体育教师与学生的互动机制建设

在推进体育文化建设的进程中，高校教师作为体育教学的施行者，必须深刻认识到弘扬体育文化的意义，以及体育教学对体育文化发展的重要作用，只有这样，教师才能真正将体育文化意识融入体育教学的各个方面，包括体育课程内容和结构的设计、体育课堂与学生的互动教学及体育课程结果评估。

在体育教学的过程中，要重视体育教师队伍的建设，因为体育教师队伍建设对体育教学与体育文化发展起着关键性作用，同时还因为体育教师在体育文化建设方面起着主导作用。体育教师同其他教师一样，都担负着为学生传授知识、培养人才、推动科学发展等重要任务，而教师又直接关系到学生兴趣、爱好及价值观的培养。因此，高校需要严格要求体育教师，具体表现在体育教师不仅能独立安排课程、组织体育活动、听从学校管理，还能积极进行科学研究，以此提高整个体育教学领域的发展水平。

高校体育教师对学生的影响是多方面的，不仅在能力方面影响学生的体育技能水平，还在体育意识与体育修养等方面影响学生对体育活动的态度及价值观。在体育教学中，体育教师除了要做好自己的本职工作之外，还应该积极地与学生进行课外互动，将体育教学过程中的各种元素有机地融入日常生活中，帮助学生养成健康的体育习惯，培养学生尊重体育事业、全身心参与体育锻炼的高尚体育价值观。

综上所述，要想强化体育教师与学生之间的互动机制，需要建设重点关注体育课堂互动、体育课程设置、课外体育竞赛与体育文化生活等方面的内容。在进行体育课程互动时，体育教师应当融入更多具有时代感和创新性的元素，以激发学生对课堂内容的浓厚兴趣。在编制体育课程目标和实施大纲之前，体育教师可以调查学生对体育项目的偏好和对体育课程形式的看法，从而将体育课程与学生的新发展和新理念相融合。

2. 提升体育领导者在体育教学中的管理能力

党的十九大报告中提出"坚定文化自信，推动社会主义文化繁荣兴盛"就要"牢牢掌握意识形态工作领导权"，强调要"落实意识形态工作责任制，加强阵地建设和管理"。在推进体育教学的进程中，体育文化的塑造和推广不仅需要优秀的教师团队，还需要充满活力的学生，同时领导团队的作用同样重要。这是因为在划分学校职责的过程中，学校体育教师的职责分工十分明确，而在推进体育文化建设的过程中，教师和学生的主观能动性远不如管理者的政策导向所能发挥的作用。

为了推进体育文化建设，体育领导者需要在教学过程中不断提升管理和领导能力，预测学校体育文化的未来发展趋势，全面掌握体育教学事业的宏观发展方向,提前制订体育教育事业的长、短期计划,并积极借鉴国内外先进的教学经验,并在学校广泛推广。在校园体育文化建设的全过程中,体育领导者扮演着导航者的角色,要提前预防与体育教学相关的问题发生。

3. 优化体育教学的组织和管理制度

很多大学生步入高等教育阶段之后仍然没有实现完全意义上的自我约束。目前,我国高校体育文化的一个重要发展方向就是要通过制定健全而科学的规章制度和规定来建立起行之有效的约束机制,从而强化学生的体育意识与行为,进而促进学生形成锻炼风气。

优化体育教学中的各种管理制度,还要在实际教学中不断摸索与改进。为保证高校切实完成优化组织教学的任务,必须强化体育教学部和体育俱乐部这类学校体育组织机构并厘清责权,做到职能和责任对应。同时,高校还应该在组织机构中建立竞争与激励措施,以促进体育组织机构之间的竞争,并通过奖励机制来优化体育教学活动,推动体育文化建设活动顺利开展。激励是真正推动教师和学生自发遵循和完善体育制度的关键因素,因为组织管理行为只能在行为发生的过程中发挥监督作用。

结合体育文化与体育教学的基本理论,我们发现在普通高校体育教学进程中,体育文化匮乏的根本原因在于过分强调体育技能的培养,忽视了文化素养的培养,过于强调规范而忽略了创新创造,过分强调课堂教学而忽略了其他多样化的教学形式,过度强调课余学生自学而忽视了自主创新和教师引导的结合等因素。以上这些原因都表明了在当前大力倡导教学改革的时代背景下,我国的体育教学中存在一些僵化的现象,未能将体育文化以生动灵活的方式融入体育课堂中。

另外,体育文化建设在各方面对体育教学过程起到互动与互补作用,同时也要在今后的发展过程中得到足够的重视。不管是从客观体育物质文化,还是从主观体育精神文化或者体育制度文化等角度出发,都应该加强对提高体育文化总体水平的举措与途径的关注度。由于高等院校办学条件、历史文化传统等不同,其面临的文化受众也不同,因此开展体育文化建设一定要针对不同情况,结合学生特点给予个性化引导。如在体育物质文化建设受到客观条件限制的情况下,体育精神文化建设和体育制度文化建设不应因此而停滞不前,而应发挥主观能动性,加强其他两个方面的建设,以推动体育文化的全面发展。开展独具特色的体育文化建设,不仅需要拥有引领的方向,同时还要注重体育物质、精神和制度文化的有机融合。

第五章　体育文化在高校竞技体育教学的实践应用

在基本了解了高校体育教学与体育文化的相关知识后，本章主要就体育文化在高校竞技体育教学的实践应用展开论述，主要从体育文化在高校网球课堂教学的实践应用，以及体育文化在高校健美操学练的实践应用两个方面进行阐释与探讨。

第一节　体育文化在高校网球课堂教学的实践应用

一、高校网球课堂教学与网球文化融合发展思路

（一）教师应转变教学理念，提高文化素养

加强网球教学与网球文化的融合，首先要求网球教师转变教学理念，接纳网球文化，并自觉提升网球文化素养，在网球课上将网球文化融入其中，探索二者的最佳融合方式，以提高教学效果。在高校网球课堂教学中，教师是主导者，发挥着不可替代的作用，只有教师转变教学理念，才能有效落实网球教学与网球文化相融合的理念。

（二）学生应重视网球文化

网球课堂教学与网球文化的融合不仅要求网球教师转变教学理念，提升网球文化素养，还要求学生从思想上重视网球文化。很多学生并不重视网球课，或者只重视学习网球基础知识和技能，而对网球文化内容不屑一顾，这种思想与态度会阻碍网球文化与网球教学的融合。对此，网球教师应采取有效措施引导学生从思想上正确认识网球文化，以客观的态度对待网球文化，提高其对网球文化的重视程度。例如，在期末考评中，可以适当增加网球文化总分所占的比例，甚至可以与网球技能总分占有相同的比例，这会在一定程度上加大学生对网球文化的重视，解决学生只学网球技术，而忽视学习网球文化的问题。只有学生重视网球文化，并主动学习网球文化，将网球文化融于网球课堂教学中才是有意义的。

（三）注重文化方面的引导

高校网球教学以传授网球技能为主，教学内容和模式基本相同，先集合学生做一些基本的准备练习，然后由教师讲授网球技术要领并示范正确的动作，学生观察后进行自主练习，整个教学过程比较枯燥，缺乏创新。为了改变这一教学现状，应加强网球课堂教学与网球文化的融合，网球教师应在教学中注重文化方面的科学引导，如不要一味地在网球场上教技术，可以先在室内上几节文化课。在这方面，网球教师要做好充足的课前准备，多收集一些重要的、能够吸引学生认真听讲的网球资料，在文化课上讲解这些内容，并引导学生思考与讨论，使学生对网球文化有全新的认识与全面的了解。

在网球实践课上，教师应改变传统的教学方式，在讲解、示范后组织网球游戏或小型比赛，让学生在实战中巩固网球知识，掌握和熟练网球技能，并提高其运用网球技战术的能力。网球游戏与比赛都是在一定的规则下进行的，学生先了解游戏或比赛规则，在遵守规则的基础上参加游戏或比赛，而这些规则中又蕴含着丰富的网球文化，尤其是网球礼仪文化，通过这些活动内容与形式，学生能够亲身体验网球文化的魅力，对网球文化有更加深刻的认识。通过网球游戏或比赛，还能培养学生的竞争意识、团结协作意识与集体主义精神，使学生之间建立深厚的友谊，增进彼此之间的信任，提高相互间的默契度，教师参与游戏或比赛也能与学生建立和谐的师生关系，并通过自身的言谈举止来为学生树立榜样，使学生懂得尊重规则、尊重对手，在和谐的氛围中促进学生道德品质与技术水平的共同发展。总之，在教学实践中做好网球文化方面的引导工作，对网球课堂教学与网球文化的融合具有重要意义。

二、网球文化在高校网球课堂教学中的渗透

（一）认识网球运动与网球文化的过程

认识网球运动和理解网球文化是同时进行的。从主观视角来看，认识与理解网球运动及其文化的过程包括以下三个密切衔接的阶段。

第一，表象认识阶段，形成初步印象。

第二，形成认识阶段，即掌握网球技能的阶段，该阶段又包括泛化、分化、巩固与自动化四个环节。

第三，思想认识阶段，即深入理解网球，做到人球合一。

高校开展网球运动和传播网球文化，最终要使学生达到上述三个阶段中的最后一个阶段，也就是从思想层面理解网球。但在认识网球运动的整个过程中都贯穿着网球文化的传承与认识主体思想的变化。从上述几个阶段来认识与理解网球运动，对提高学生的认识水平、传播与弘扬网球文化及普及网球运动具有重要影响。

（二）在学生认识网球及其文化的不同阶段融入网球文化

网球课堂教学的主体是学生，网球文化在网球课堂教学中的渗透、运用与网球教学主体认识与理解网球的过程密切相关，下面从学生在网球课上学习网球和认识网球文化的过程来分析网球文化在网球课堂教学中的渗透与实践运用。

1. 学生对网球的初步印象

网球文化依托网球运动而形成，学生最初接触网球是建立在感性认识基础上的，所以对网球的第一印象非常关键。如果学生在最开始就对网球运动产生了比较深刻的印象，那么其将来从事网球运动的可能性就很大。网球教学是促进学生在知识与技能上达到更高发展水平的教育活动，该活动由教师、学生、网球设施等人力资源和物质资源组成，这些都是开展网球教学活动的基础条件。在网球课堂教学中，主体是学生，教师围绕学生授课，最终以学生的学习效果和内在体验程度为标准来衡量教学的成败。在网球课堂教学中传承网球文化，需要教师与学生协同配合以有效落实各种有效的教学方法和手段，使学生对网球运动的认识从感官上的简单认识上升到理性高度。学生认识网球文化的过程是自由的，可采用多种途径达到目的。学生在不同的环境下接触网球，会对网球运动形成不同的认识，网球课教学是最直接的且对学生技术进步有帮助的网球认识途径之一。从教育学与心理学角度来看，在网球课的教学过程中，要以学生的身心特点和掌握技能的一般规律为依据，由浅入深、循序渐进地开展教学工作。

与网球技术教学相比，网球文化传播较为滞后。要掌握网球的精髓，只学习网球技术是不够的，而要理解网球文化的内涵。在网球课堂教学中，学生首先以感官接触网球文化，虽然以感官感知的形式很难对网球运动与文化的魅力有深刻的体会，但通过感官刺激而对网球运动留下美好的初步印象是非常重要的一步。

学生感官上认识网球运动的过程也是表象认识过程，这是让学生产生学习兴趣的第一步。人类的精神情感交流方式有很多，最常用的是语言交流，除此之外，音乐交流、体育交流等非语言交流方式也很便捷。在音乐和体育这样的非语言交流中，人们可以寄托感情，也可以释放情感，自由自在，无拘无束。相比于音乐交流方式，体育交流对人的影响是更全面的，包括视觉体验、身体刺激和情绪冲击等，因此人们在体育运动中的体验也是极为深刻的。网球比赛与体操、跳水比赛相比少了点恬静，与篮球、足球比赛相比少了点疯狂，但它呈现的技艺依然是赏心悦目的，给观众的刺激也是惊心动魄的。网球比赛动静结合，优秀的网球运动员在击球过程中伸展自如，颇为潇洒，既有力量美，也有技巧美，这是击球过程中展现的综合美。在高水平网球比赛中，每个回合都精彩夺目，每一分的争夺都非常激烈，每次抢救险球都扣人心弦，让观众难以忘怀。

网球运动冲击着人的情感，使人身心愉悦，感悟深刻。精彩的网球比赛能够有效培养学生的心理品质，如专注力、坚强的意志品质、果断勇敢的精神等，这对于作为观赏者的学生来说是一种意外收获，对学生的一生都有重要的影响。

网球比赛有单打、双打等形式，学生观看不同的比赛视频，心理感受是不同的。网球比赛是运动员在场上展示个人魅力的最佳时机。观看网球单打比赛视频，主要对运动员的技能、心理品质进行欣赏；观看网球双打比赛视频，主要对搭档之间的配合进行欣赏；观看男子网球比赛，主要对运动员的力量美、速度美和阳刚美进行欣赏；观看女子网球比赛，主要对美好的身材、优美的动作、独特的个人魅力进行欣赏。[①] 其中，不同的欣赏角度能够使学生产生不同的收获。

通过观看网球比赛视频，学生会产生以下三方面的印象。

第一，观看比赛能够对网球场地、器材、运动员等要素有基本了解，产生初步印象。学生在观看视频的同时会心生疑问，如球场上的线有什么用途，是不是球拍的拍面越大就越好，运动员应该穿什么衣服比赛等。

第二，学生观看比赛视频也会对网球礼仪有基本了解，学生容易对球场上温文尔雅和意志顽强的运动员产生好感，从而对网球运动产生好感。运动员在比赛中散发的个人魅力会给学生留下深刻的印象，学生会对这些运动员产生敬佩之情，甚至将运动员作为自己的榜样，为了向榜样学习而逐渐开始接触网球。

第三，学生观赏网球比赛还能初步了解网球比赛规则，网球规则中蕴含着丰富的网球文化内涵。有些学生在上大学之前从未接触过网球，所以在观看比赛视频时也不知道该如何欣赏，尽管如此，他们依然会被运动员舒展优美的击球动作、谦谦有礼的绅士风度而深深吸引。所以说，学生学习网球的第一步应该是先观看比赛视频，这是吸引学生注意力、调动学生学习兴趣的有效方式。

以上初步印象对学生学习网球运动的影响非常大，能够为学生未来进行系统的网球学习打好基础。

2. 学生在网球技能学习中感受网球文化内涵

学生参与网球运动的第一体验便是身体上的锻炼，在参与这项运动的过程中，学生要根据球的落点、方向不断移动和调整身体各部位，也要根据情况适当调整击球力量和角度，再加上网球运动员对参与者的反应能力和身体协调性有较高的要求，所以学生打球时身体是全方位活动的。经验和技巧在网球运动中尤其是双打项目中是非常重要的，网球双打的技术方法非常丰富，面对来球要采用适当的技术来化解，要运用好控制与反控制原理。

网球运动不仅能强身健体，还能培养学生良好的心理素质，使学生积极认真、执着专注地对待网球运动及学习与生活中的其他事情。网球技术包括击球、发球、

---

① 宋广庆:《网球文化在高校传播与教学研究》，硕士学位论文，辽宁师范大学，2011年。

截击球、削球、高压球等。学生不仅要掌握好这些技术，还要在实战中正确、灵活地使用这些技术。在网球实战中，一方选择要使用的技术时，要先分析对方的技术特点，有针对性地选用，而且不能只使用一种技术，要根据实际情况灵活调整，并合理搭配使用多项技术。学生的打球态度是否积极专注，直接影响其采用的技术能否发挥作用，只有态度积极专注，才能协调统一身体各部位，充分调动各个部位去击球；如果思想不专注，注意力不集中，精神涣散，态度消极，则很难抵挡对方的强进攻。

在网球场上打球，首先要适当降低身体重心，身体稍微前倾，做好基本姿势和随时出击的准备。击球前步伐要不停调整，不能完全不动，要连贯完成击球技术动作。在击球过程中，只有调动身体各部位充分参与其中，击球效果才会达到或超出预期。学生在打球时只有保持专注而积极的态度，才会获得愉快的体验，而且这也有助于形成一种良好的习惯。

上文对学生学习网球技能的难度、注意事项和要点进行了分析，主要是为了让学生端正学习态度，克服学习中的困难，充分掌握和灵活运用学习技巧，一步一步扎实地掌握网球技能，在网球技能学习中获得愉快的体验和促进身心的全面健康发展。只要学生的学习态度端正，学习积极性高涨，教师的教学方法科学，那么经过长期系统的教学与练习，学生定能突破重重困境，掌握好网球技能，体验其中的乐趣，进而对网球文化有更加深刻的理解。

3. 学生热爱网球、欣赏网球

学生在掌握了网球基本技能后，再看网球比赛，就会不自觉地为运动员打出的每个好球而鼓掌称赞。大学生在网球课上不仅要学习网球知识与技能，还要学习优秀网球选手认真严谨、谦虚自信、诚实守信的优良品质和行为作风。学生掌握网球技能后，再观看网球比赛时的欣赏能力也会相应提高，甚至也会全身心地投入其中，仿佛自己在参赛一样。要在观赛时产生这种体验，就要注意加强日常技能训练与心理素质培养，重视网球欣赏意识与能力的培养，提高网球欣赏水平，这样才能将网球比赛看得更透彻，才能以比较专业的视角享受这一盛宴。人们从事网球运动，虽然各自有不同的动机，如强身健体、提高技术水平、加强社会交往等，但不管动机是什么，只要站在网球场上，就要完成好每一次跑动、挥拍和击球，也要认真对待每一次失误，这对参与者来说都是非常珍贵的体验，只有完全融入其中，才是真正热爱网球。学生学习网球运动，主要是为了锻炼身体，掌握知识与技能，因此要认真对待这项运动，全身心投入其中。

网球技术动作的每个环节都是有科学依据的，而且都是非常合理的，要发挥出每项技术动作本身的效果，就要有强大的毅力和充分的自信。有人将学习网球运动的过程分为兴奋、痛苦和幸福三个阶段，如果真正从内心深处热爱网球，且懂得如何欣赏网球比赛，那么这就是学习网球的幸福阶段。但要达到这个阶段，就必须经历前面的痛苦时期，也就是克服困难的时期，其实换一种角度来看，克服困难的过程也是幸福的。学生掌握网球基本技术后，其技能水平持续提高的过程是有规律可循的。这是一个需要继续努力学习与练习，继续以顽强的毅力与充分的耐心全身心投入其中的长期过程。在这个过程中，要尽可能做到以下三点。

第一，要沉着冷静，客观分析，既要有耐心，又要有恒心和信心。从本质上来看，沉着冷静地思考和分析就是一种积极的参与态度，这有助于将不利于思考的因素排除在外。要主动屏蔽影响自己斗志的暗示语，如"我打不过对手""我打得有些糟糕"等，要用"我能做到""再继续坚持"等积极的暗示语来不断激励自己。这有助于增强自信心，让自己冷静下来。

第二，将成功的印象运用到实战中。对此，有两种方法，一是想象自己能准确完成每个动作，预测对方如何击球，做好应对准备，然后向对方打出有难度的球。从想象中体验成就感，但不要幻想，要有根据地想象，然后借助这种成就感找到最佳状态，打出高质量的球。二是回忆自己曾在训练或比赛中打出的高质量的球，稳定心理，提高信心。

第三，伺机果断出手。经过冷静分析后，要伺机果断出手，成功反击，并不断巩固这种成功体验。在网球技能的整个学习过程中，本体感觉思维和动作控制密切联系、相互影响，当果断采取动作时，注意力、信心都会有所提升。这种状态有助于充分发挥自身水平，获得主动权。大学生在热爱网球、学会欣赏网球的基础上，还要具备参与网球实战的能力，上述几点能够为大学生亲身参与网球比赛，从网球比赛中体验与感受网球文化提供有效指导。

4. 学生深入理解网球文化并积极影响他人

学生深入理解网球文化是其通过网球学习而达到的一种比较高的境界。学生内心深处的感悟与体验主要体现在对网球道德品质、精神意志和思维气质的理解，只有达到较高的境界，学生才能对周边的人产生积极影响，带动更多的学生参与网球运动。有些学生在技术能力达到一定水平后，就会与优秀的网球运动员进行技术上的比较，这当然可以在一定程度上激励学生在技术上不断进步，但优秀的网球运动员经历了多年的系统训练才拥有了较高的技能水平，而作为大学生，接触网球运动的时间并不长，有些是进入大学后才首次接触网球，所以技术不如优秀运动员也是再正常不过的了。对于大学生来说，他们更应重视与自己崇拜的运动员在思想、道德与精神上的对比，如乐观、尊重、敬业、诚实、自信、谦虚等，这些方面的对比对大学生而言更有意义。

文明、高雅的网球运动对大学生具有很强的吸引力，高校以选修课的形式开设网球课，为网球爱好者提供了学习与交流的良好平台，学生不仅可以在课堂上学习网球知识与技能，还能以球会友，找到志同道合的朋友，建立友谊，形成和谐的人际关系，这能为高校网球文化的建设营造良好的氛围。学生在网球学习中，能够有更深刻的体会，而其内心深处的友善与良好的行为素养是获得美好体验与深刻感受的基础条件。

在网球教学中，每一堂训练课或每一次教学比赛都是由反复的奔跑、挥拍击球等组成的，没有谁每次击球都能以最快速度和最完美的角度打出高质量的球，也没有谁会从开始到结束一直失误。对大学生而言，参加网球训练课或网球教学比赛，不要将赢球看得太重，而要善于在实践中对网球中蕴含的文化底蕴及成功与失败的经验进行体会。由此可以联想到人生，人的一生中会遇到各种各样的问题，会经历无数次的成功与失败，我们要做好迎接每一次挑战的准备，享受每一次成功，总结每一次失败的教训，虽然未来不可预测，但未来可期。经过一个或两个学期的网球学习，大学生会将网球运动作为自己课余生活的一部分，在课余时间积极参与网球运动，以锻炼身体、释放压力、放松身心、锻炼意志、提高修养，享受网球运动的一切。大学生以乐观积极的态度参与网球运动，并在日常学习与生活中保持这种态度，会对其他同学产生积极的影响。

总之，在学生的网球技能达到较高水平时，应着重引导学生理解网球文化的内涵，使大学生在深入理解网球文化的基础上自觉完善自己的人格修养，在传播网球文化方面贡献自己的一份力量，促进良好校园网球文化氛围的形成，加强校园网球文化建设，同时也要积极主动地帮助其他同学在网球学习中受益，从文化的角度惠及更多的大学生，提升网球教学与网球文化融合的价值，真正发挥网球文化在网球教学中的作用。

三、网球文化在高校网球教学改革中的应用

（一）高校网球课堂教学的问题分析

要想对高校网球课堂教学进行改革与创新，首先要了解高校网球课堂教学的现状与问题。不同高校在网球教学中存在的问题各不相同，下文主要分析在很多高校都普遍存在的网球教学问题。

1. 网球教学形式化

教育体制的深入改革对体育教学的创新提出了较高的要求，网球教学同样要进行相应的改革与创新。但当前高校网球课堂教学存在着严重的形式化问题，教学活动并没有使实际需要得到充分的满足，教师在课堂上的讲课方式偏于程式化，不重视培养学生的兴趣与积极性，也不关注学生的学习效率。在网球课上，教师的教与学生的学都有明显的机械化倾向，这样的课堂氛围不利于激发学生的学习热情与积极性，甚至会使学生讨厌上网球课。

2. 网球教学方法单调

很多高校网球教师在网球课上以讲解、示范、分解与完整等传统教学方法为主，教学方法与手段单一重复，这直接影响了学生学习的积极性与主动性，也制约了学生主体作用的发挥，最终导致课堂教学效果不佳，教师讲得津津有味，而学生却毫无兴趣。教师一味地给学生传授网球知识与技能，对学生的学习过程和效果不够重视，也忽视了通过网球教学培养学生的综合素质，这不利于网球课的长期开展。

3. 网球教学专业化水平较低

网球教学专业化水平较低也是高校网球课堂教学存在的一个重要问题。网球教学专业化水平较低主要是因为网球教师的专业素养不够高，还有一个主要原因是高校网球教学环境不够好。虽然现在很多高校都提高了对网球教师的招聘标准，但现有的教师队伍中，有一些教师专业水平较低，无法满足学生日益增长的学习要求。增加网球专业教师的数量，提高网球教师的专业素养、教学能力及综合素质是突破高校网球教学瓶颈的关键。

（二）网球文化视域下高校网球课堂教学改革的策略

科学制定与实施网球教学策略是提高高校网球课堂教学质量的重要手段，对网球教学策略的制定要结合本校网球教学现状和网球文化建设现状进行，教学策略应有科学性、针对性、适用性和实效性，以切实改善网球教学现状，促进高校网球文化建设。

在高校网球课堂教学中，要先制定科学可行的教学目标，然后根据目标设计与实施相应的教学方法，教学目标中应包括提升学生的身体素质、网球运动水平、网球文化素养及综合素质等内容。大学生的体质健康问题深受有关部门重视，缺乏锻炼是造成大学生体质差的主要原因，而开设网球课，引导学生积极参与网球锻炼，可有效提高大学生的身体素质与心理素质水平，为大学生全身心投入学习奠定基础。

在高校网球课堂教学中落实科学的教学策略，首先要加强对基础理论的深化，从而充分发挥理论对实践的重要指导作用，促进理论和实践的深度结合，促进网球课堂教学实践的科学发展。现在很多网球教师只重视对网球技术的传授，而忽视了对网球理论知识和文化内涵的讲解，这不利于全面培养大学生的网球文化素养，容易造成大学生学习的失衡，而且缺乏理论基础的大学生在网球技术学习中也难以取得理想的效果。因此，网球教师应适当重视网球理论教学与文化教育，并与网球技术教学有机结合，协调安排，相互补充，促进网球课程教学质量的大幅提升。为改善高校网球课堂教学现状，还应在网球场地设施建设方面加以优化，为网球课堂教学创造良好的环境与条件。网球实践课对场地设施的要求较高，只有提供良好的硬件设施条件，才能为网球课的顺利开展提供基础保障。除了优化硬件设施外，也要重视软件资源方面的改革，最主要的是加大对网球教师队伍的培养力度，提升网球专业教师的网球素养、教学能力及综合素质，充分满足教学需求，提高教学的专业化水平。

（三）网球文化视域下高校网球教学的改革与创新

1. 网球文化视域下高校网球教学方法的改革与创新

网球教师在网球课上采用的教学方法会直接影响学生的学习兴趣和积极性，进而影响课堂教学质量。当前，大部分网球教师在网球课上习惯采用传统的网球教学方法，或简单地将常见的体育教学方法运用到网球课上，虽然采用传统的教学方法也能顺利地完成教学任务，并取得一定的教学成果，但如果长期采用单一的教学方法或不断重复使用相同的教学方法，容易使学生产生厌学情绪，从而影响课堂教学的氛围与效果。

为避免重复单一的教学方法对网球课堂教学产生消极影响，教师应从文化视角与创新视角加强对教学方法的改革，积极探索能够吸引学生注意力、培养学生兴趣和调动学生积极性和趣味性教学方法。下面简单分析 3 种具有创新性且适合在网球课堂上运用的教学方法。

（1）多样直观法

多样直观法是非常重要的一种体育教学方法，在网球课堂上运用这种教学方法，就要以吸引学生的注意力和激发学生的学习积极性为基础，以网球教学内容为核心，引导学生自觉主动地投入学习和练习。在网球课上灵活运用多媒体技术，使学生在动态变化的教学环境下掌握网球教学的重点内容，对网球技术动作结构有直观的了解，进而促进学生掌握网球技术要领，这有助于提高学生学习与掌握网球运动技术的效率。在网球课上组织比赛也是一种非常直观的教学方式，教师鼓励学生积极参与比赛，使学生在比赛中不断熟悉网球技术的要领与运用技巧，促进其实践能力的提高。为调动学生参与网球比赛的积极性，教师可采取一些奖励措施。

（2）异步教学法

异步教学法是提高网球课堂教学效率的有效方法，运用该方法进行网球教学，有助于促进学生网球技术能力的提高与个性的发展。通过异步化的网球教学，学生可以得到全面的锻炼，能够逐渐形成和完善独立的学习体系，学习思维也会更加开阔与灵活，从而更好地掌握网球知识与基本技术，并在实战中充分发挥自己的个性与优势。

（3）情感教学法

将情感教学法运用到网球课堂教学中具有重要的意义，网球教师在网球课上要充分考虑学生的情绪，与学生进行情感交流，并设置情境提高学生的参与度，将学生主动学习的热情与积极性充分调动起来，使学生在愉悦的课堂环境和轻松的情感氛围中学习网球知识，掌握网球技能，并获得深刻的情感体验。[1]在网球课上应用情感教学法的主要目的是引起学生的共鸣，教师在运用这个教学方法时要多引导和启发学生，使其积极思考，主动探索网球的文化内涵，不断提升学生的网球文化素养。

2. 网球文化视域下高校网球课堂教学模式的改革与创新

下面重点分析几种具有创新性的且对提高网球课堂教学效果有重要意义的教学模式。

（1）即兴展现体育教学模式

即兴展现体育教学模式是指教师创设适宜的体育课堂教学情境，对学生的表现力、创新力进行培养，从而促进学生身心发展，提高教学效果的一种教学模式。该模式具有科学性、艺术性，对培养与提高学生的创新能力及应变能力具有重要意义。

如图5-1-1所示，为即兴展现体育教学模式在网球课上的运用流程与具体实施步骤。在网球课上采用该教学模式具有重要意义，主要表现为丰富学生的情感

---

[1] 朱伟伟：《高校体育教学中网球课教学方法的改革与创新》，《当代体育科技》2018年第29期，第63、65页。

体验、促进学生对网球知识与技能的顺利掌握、促进学生个性的发展与创造力的提升。

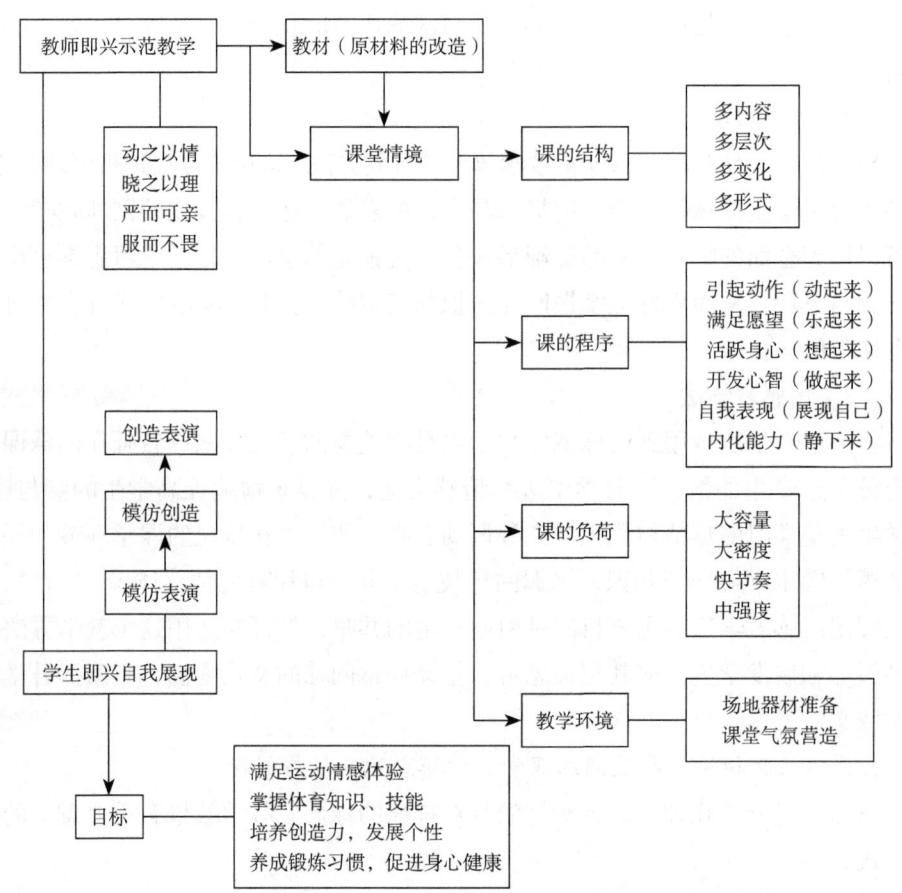

图 5-1-1　即兴展现体育教学模式的运用流程与具体实施步骤

（2）案例学习体育教学模式

案例学习体育教学模式是指教师选择与实施典型的体育教学内容和体育教学方式，使学生从个别到一般地掌握带有规律性的体育知识与技能，同时在这一过程中培养学生学习能力的一种教学模式。

如图 5-1-2 所示，为案例学习体育教学模式在网球课上的运用流程与具体实施步骤。网球教师选择典型的网球教学内容、运用典型的网球教学方式，引导学生从个别案例中总结一般性规律，从而使学生掌握学习技巧，促进学生的学习能力不断提升。

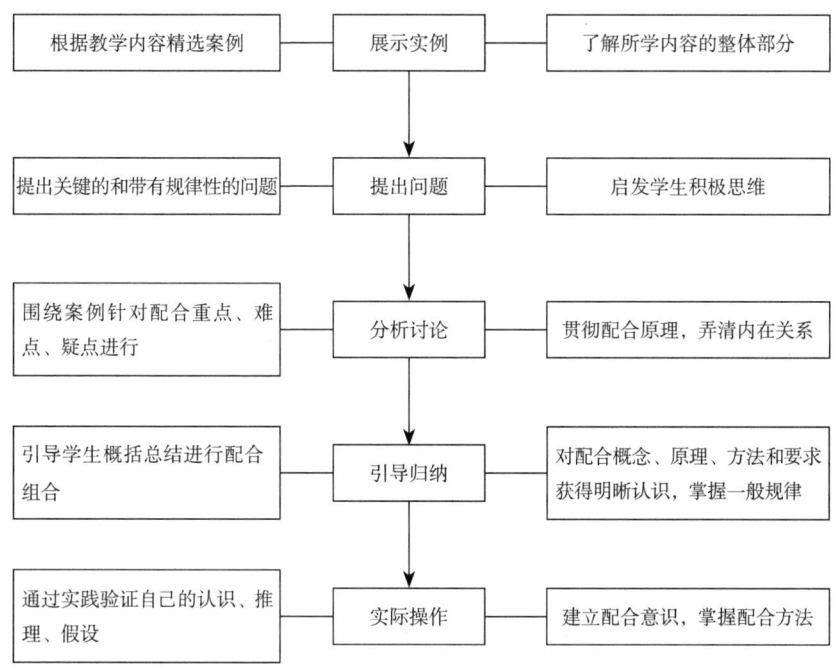

图 5-1-2 案例学习体育教学模式的运用流程与具体实施步骤

（3）运动教育模式

运动教育模式是以游戏理论、团队学习理论、情景学习理论为指导思想，以比赛为主线，通过固定分组、角色扮演等组织形式和合作学习、同伴学习等方法，给不同运动水平的学生提供真实丰富的运动体验的教育过程。

在体育教学中采用运动教育模式可促进学生主体地位的确立与巩固，提高学生的运动参与意识，端正学生的学习态度，提高学生的学习兴趣、战术意识、比赛能力、心理健康水平、社会适应能力及终身体育意识。

如图 5-1-3 所示，为运动体育模式的基本特征。在网球课上运用该教学模式可巩固学生的主体地位，提高学生的参与度和学习兴趣，促进学生实战能力的提升和适应能力的增强。

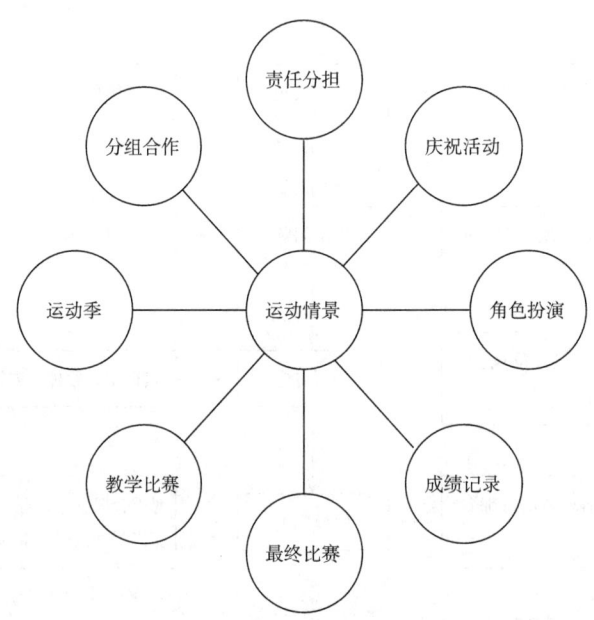

图 5-1-3　运动教育模式的特征

如图 5-1-4 所示，为运动教育模式的运用流程与具体实施步骤。传统体育教学是按教学单元安排的，而采用运动教育模式时，应按照"运动季"来安排教学，包括季前期、季中期和决赛期三个阶段。随着体育教学改革的不断深入，运动教育模式在体育教学尤其是球类运动教学中得到了广泛的应用。如图 5-1-5 所示，该图为运动教育模式在网球教学中的具体应用程序。

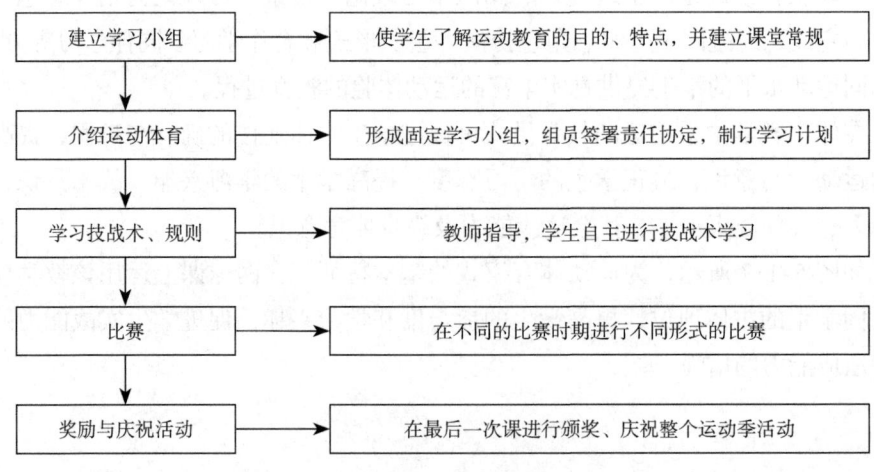

图 5-1-4　运动教育模式的运用流程与具体实施步骤

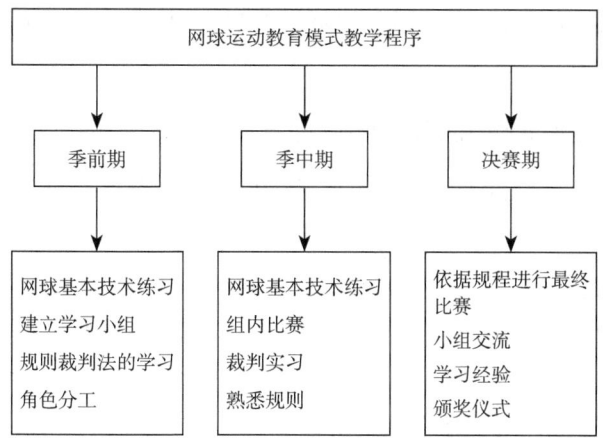

图 5-1-5　网球运动教育模式的教学程序

第二节　体育文化在高校健美操学练的实践应用

一、高校健美操促进校园体育文化建设的对策

（一）完善高校健美操课程建设

科学构建大学生体育选修课的课程模式，并不断加以完善，将体育课程的"三自主"原则充分体现出来，体现出学生对教师、时间、内容的自主选择，尽可能地让健美操爱好者都顺利选上健美操课。在健美操教学中要因材施教、分层教学，从不同学生的不同基础水平出发开设不同层级的选修课，使基础好的学生获得更快更进一步的发展，使基础较差但十分热爱健美操运动的学生取得进步与提高，为所有学生的终身体育锻炼打好基础。

（二）加强健美操场馆设施建设

体育场馆设施是校园体育文化建设的重要内容，也是学校开展体育活动的重要物质保证。目前，我国高校健美操场馆设施总体上比较缺乏，对大学生参与健美操运动的热情与积极性造成了严重的影响。很多高校健美操教学场地非常拥挤，或者是通过简单修缮一些废弃建筑物来作为健美操教学场地，教学环境总体上十分简陋。因此，要想在高校蓬勃开展健美操运动，必须要加强场馆设施建设，加大这方面的投入力度,使健美操运动场馆与场地更加规范、标准,满足教学与举办其他活动的需求。

(三)提升健美操教师队伍的专业能力

高校健美操运动的发展需要一支优秀的健美操教师队伍做保障,健美操教师的专业水平直接影响校园健美操运动的开展质量与水平,因此要通过培育高水平的师资队伍来推动健美操运动在高校的健康发展。高校对健美操师资队伍专业素质的培养应从理论和实践两方面共同努力,为健美操教师与教练员外出学习、深造创造机会,提升健美操教师队伍的业务素养。同时,还应引进优秀的健美操人才,引进先进的教学理念与教学方法。

(四)加快组建大学生健美操社团或俱乐部

大学生在健美操社团或俱乐部中进行健美操锻炼的效果往往都比较好,每次锻炼时间较长,锻炼频率高,因此高校应大力宣传健美操体育社团(俱乐部),营造良好的体育氛围,吸引更多的学生参与社团组织活动。同时,体育管理部门应大力扶持社团或俱乐部,增加资源投入,引导高校健美操社团的正规化发展,增强高校健美操社团的自我管理能力。

(五)完善课余健美操竞赛机制

课余体育的时间与空间都比较充裕,定期举办校园内健美操竞赛可以使校园体育氛围更活跃,而且通过举办竞赛可以吸纳大量的学生参与这项运动,通过运动竞赛可以提高大学生运动员的体能和运动技术水平,增强运动员的实战能力。在课余时间举办健美操比赛也是检阅健美操运动队整体实力和学生组织水平的重要途径。同时,也可以有效锻炼大学生的心理素质,丰富其实战经验。因此,应不断完善高校健美操比赛机制,充分调动大学生参赛的积极性。

二、高校健美操与体育文化发展策略

(一)高校健美操对体育文化的影响

1. 推动体育文化全面发展

体育文化是一个既需要有严谨的学术活动为支撑,又需要多样化的文化活动为辅助的有机整体,健美操是体育活动的项目之一,同时也是促进体育文化发展的强大动力。

体育文化的表现形式是多种多样的。如健美操就是高校近几年发展起来的运动项目，健美操不仅是高校体育教育的重要组成部分，同时也是一种新型的校园体育文化活动。20世纪80年代初，健美操开始传入我国时，就广受学生的欢迎，近年来健美操得到了迅速的推广和普及，并在短时间内迅速成为高校校园文化中备受关注的体育运动项目。在健美操活动的引领下，将体育文化提升至全新的境界，不仅丰富了校园体育文化的内涵，更在推动整个校园文化的发展中发挥着重要作用。

2. 提高学习氛围，保持健康思维和记忆

进行体育锻炼有助于加快人体血液循环，从而提高心脏和呼吸系统的功能水平。健美操在校园中蓬勃发展的原因在于，健美操是一种体育运动项目，它不仅能够提升学生的中枢神经系统的操作能力，同时也能够使学生保持清晰的思维模式和卓越的记忆能力。

3. 丰富大学生的校园体育文化

健美操作为一种体育文化活动因具有突出的竞技性、娱乐性、吸引力与凝聚力，因此在体育文化活动中占据着十分重要的位置。参赛者和观看者都能被它所创造出的氛围吸引，这一氛围不但能刺激大学生的认知，还能使大学生的精神状态发生变化，进而活跃群体气氛。在这种积极的氛围中，能够有效地促进人际互动，增进友谊和沟通感情，使体育文化生活变得更加丰富多彩，同时也能展现青年人的青春活力，以及团结向上、奋发向上的时代精神。

（二）体育文化对高校健美操发展的作用

1. 体育文化能够激发学生的学习激情，增强健美操教学效果

良好的校园体育文化环境对塑造优良的体育教学环境至关重要，而优良的体育文化建设又能为学校开展丰富多彩的体育活动提供条件，它还能给体育教师提供大量的知识储备和创造浓厚的体育文化氛围，对调动学生学习积极性，增强体育教学效果起着关键的作用。健美操教学效果也会在良好的体育文化氛围中不断改善与增强。

2. 帮助学生形成正确的体育文化观，提高健美操教学质量

体育文化具有导向功能，学生刚进入大学校园时，个人价值观及经验是有差异的，在后续的学习过程中，学生在思维层面上会产生一种比较心理，这个时候，体育文化的思想引导效应就会体现出来。体育文化逐渐渗透在大学生的学习与生活中，从而对大学生的行为、思想等产生积极影响，这样大学生在健美操教学中才会自觉学习，不断进步。

3. 促进健美操教学体系的不断完善

校园体育文化具有稳定性，一旦形成了体育文化氛围，学生就会产生强烈的心理认同感，此时借助体育文化的影响力而开展健美操教学活动，能够有效完善健美操教学体系。

（三）高校健美操与体育文化的融合

1. 优化教学管理理念，建立新的教材体系

为实现健美操教学与体育文化的融合，对传统的教学理念进行改革，构建满足素质教育要求的教学体系是最根本的途径。

第一，健美操教学不应仅作为选修课出现在高校，学生选修健美操课程也不要只是为了获得学分。在进行健美操教学时，教师要注意将终身体育观念贯穿于教学中，以便使学生理解学习健美操的目的。同时，还应积极转变教师在教学过程中的主体地位，明确与尊重学生的主体地位，培养学生的学习兴趣与积极性。教师要通过自己的言行对学生的健美操参与行为进行潜移默化的引导。

第二，高校要积极推进健美操教学改革，不应只将提高学生的学习成绩作为主要目的。只在大一和大二两个学年集中设置包括健美操在内的体育课程，不利于培养大学生的终身体育意识，在大三、大四阶段也应增设一些时尚的健美操运动项目，鼓励学生参与这些运动。

第三，高校要尽可能选购适合本校教学条件与教学对象的健美操教学教材。

2. 以构建校园俱乐部为载体，大力宣传体育文化

健美操俱乐部教学是一种新型的教学模式，它能够激发学生自主学习的自觉性与主动性，同时健美操俱乐部教学还注重学生自主参与，能够对学生的自主锻炼意识、能力及自我管理能力进行有效的培养。健美操俱乐部能够吸引对这项运动有兴趣的学生参与进来，兴趣相同的学生共同进行锻炼，相互学习，取长补短，可以增进学生之间的感情，形成强大的凝聚力，也可以有效宣传大学的体育文化，培养学生的体育精神。要想积极宣传体育文化，提升学生的体育素质，高校要在物质、精神上大力支持健美操俱乐部，丰富俱乐部活动内容，通过各种形式的活动来宣传体育文化，加强文化教育。

3. 举办大学体育文化艺术节，承办赛事

体育文化节是一种包含健身体育、娱乐体育、竞技体育，且以全体师生为主的活动形式，其主要目标是加强师生身体锻炼和促进身心健康。高校的体育文化

节能够为大学生施展技能与个性提供重要的活动平台，并能够对师生产生深远的影响；也能够拓宽师生的体育视野，激发他们的运动热情。体育文化节有助于传播体育价值观念，这是由于体育文化节的宗旨是公平竞争、团结协作、拼搏进取，同时体育文化节还积极倡导"健康、快乐、文明"。高校可以充分利用自身的资源优势，积极举办健美操竞赛，使大学生的校园文化生活更加丰富多彩，有效推动大学体育文化的发展。同时，高校还可以发挥自身优势来承办一些影响较大的公益性健美操赛事，使大学生的体育文化生活更有意义。

三、体育文化视域下高校健美操学练的实践路径

竞技健美操是一项追求时尚的体育运动项目，也是受广大众欢迎的文化艺术活动，竞技健美操之所以能让广大学生接受并喜爱，是因为它注重自我锻炼、自我塑造，同时竞技健美操还为大学校园的体育文化增添了新的活力。竞技健美操是建设大学校园体育文化的重要内容，也是校园体育文化的重要组成部分和常见形式，为广大师生提供了丰富多彩的娱乐生活，同时也从物质上为他们搭建了运动健身的平台，在精神、行为和物质上促进校园体育文化建设与发展。竞技健美操在校园体育文化建设中的作用主要是从其对大学生的积极影响与作用中体现出来的，如增强体质、增进健康美；塑造形体美；调节心理活动、陶冶美好情操；提高审美能力、完善个性品格等，这些作用与校园体育文化的育人功能高度契合。

（一）高校竞技健美操编创的原则与步骤

1. 竞技性健美操的创编原则

（1）针对性原则

目前，竞技健美操比赛的种类较多，有世界杯赛、锦标赛、冠军赛、邀请赛等，各种比赛的规程和特定规则不尽相同，因此创编时首先要坚持针对性原则。

①针对规则的要求进行创编。在创编竞技健美操之前，必须详细了解规则中的具体要求及法定依据，特别是需要明确所设项的时间、竞赛要求、不同类的难度动作和特殊要求及违例动作等条款，以避免在创编过程中出现重大错误。

②针对项目的特点进行创编。竞技健美操的竞赛项目分为（男、女）单人、混双、三人、集体六人（不限性别），创编时要根据各项目的不同特点进行。首先是单人竞赛项目，单人竞赛不需要考虑队形变化和队员的配合问题，但需要注意运动方向、场地使用情况和路线变化情况，同时在创编成套动作时，要注意其

核心问题，要紧紧围绕丰富、独特的语言动作，动作的难度及合理性等方面创编动作。其次是混双竞赛项目，混双竞赛项目需要队员之间协调配合，同时配合的动作也要有新意。再次是三人竞赛项目，在三人竞赛项目中，需要有队形的变化，虽然人数少，限制了队形的多样变化，但也要注意在变化队形时，人员之间的协调配合、动作的同步、换位的自然流畅等问题，这才是创编动作的核心。最后是集体六人项目，集体六人项目人数较多、创编难度较大，它要求队形变化丰富多样、富有立体感，动作整齐流畅、层次分明、配合协调，并创造出各种新颖、优美的造型，所以在创编六人竞赛项目时，要更加注重整体的表现效果，即队形的对称、均衡，理想的表现效果等，而不是只注重局部的表现。

③针对运动生的特点进行创编。竞技健美操是一种个性化的比赛项目，要想将运动生的优势充分发挥出来，需要针对不同的运动生特点创编适合其风格的健美操，如具有优越弹跳力的学生，教师就可以根据学生的这一特点，创编一些具有跳跃性且难度较大的动作，以便将学生的弹跳力充分展现出来；对于力量型的运动生可编排一些两点支撑的俯卧撑等力量性要求较高的难度动作，以充分表现其较强的力量和控制能力；而对于柔韧性好的运动生，可编排一些多种方向的高踢腿动作和难度较大的平衡、无支撑和柔韧性较高的难度动作，以展示运动生舒展、柔韧、优美的形体和高超的技能。

（2）创新性原则

竞技健美操是为参赛而创编的，要想在竞赛中取得优异成绩，成套动作新颖独特的编排显得尤为重要。可以对成套动作进行创新，如动作、配合、难度、队形、音乐等，需要注意的是，一切创新都需要依据动作创新来完成。坚持创新性原则最重要的是了解当前国内外竞技健美操发展的现状与趋势，精通竞赛规则，并根据运动生的个性特点选准创新的突破口，创编出独具风格的高水平的竞技健美操成套动作。

（3）全面性原则

竞技健美操以增强体质、全面发展为根本目的，因而在创编中必须坚持全面性原则。成套动作要体现出运动生的力量、柔韧、速度、耐力、协调等身体素质，还要注重发展其难度动作和不对称动作，多设计巧妙的过渡连接动作和促进身体全面发展的动作，使身体得到全面发展。

（4）艺术性原则

①结构设计上表现的艺术性。这主要体现在整体结构和布局上。只有总体结构设计合理，才能产生悦人的节奏感和张弛有序、高潮迭起的美感。

②队形设计上表现的艺术性。在健美操竞赛中，要有多样化的队形设计，在变换位置的时候也要注意变换的流畅性，不仅要将队形的美体现出来，还要将动作美的队形体现出来。

③音乐选配的艺术性。音乐是健美操的灵魂，好的音乐能激发创编者的情绪，培养创造性思维与想象力。在创编时应选择具有个性的乐曲，以充分体现竞技健美操的动作特点，使音乐伴随动作的变化而变化，并与健美操的整体结构相吻合，从而达到音随动转、动随音舞的艺术效果。

2. 竞技健美操的创编步骤

（1）创编前的准备工作

在创编健美操动作前，首先要熟知健美操竞赛的规则、注意事项等；其次要了解健美操的发展现状和发展趋势，这一点可以通过搜集并学习资料获得；最后要认真研究竞赛项目的特点，了解运动生的个性。

（2）设计总体方案

第一，确定成套动作的难度类型和数量。

第二，确定成套动作的总体风格。根据运动生的特点确定风格，首先要确定运动生是力量型的还是舒展型的，其次要确定是以迪斯科动作为主，还是以中国古典风韵的动作为主，是借鉴民族舞的要素还是借鉴武术和搏击的要素。

第三，确定总体的结构设计与音乐类型。通常会根据两点要素对健美操总体结构进行设计，一是根据健美操的风格选择音乐，之后根据音乐确定健美操的总体结构，如音乐的结构、音乐的节拍数、音乐的高潮起伏等。二是根据创编者的构思，将其对编操的总体设想分为几部分或几段，如开始部分的造型或入场，主体部分的主要动作及特殊要求，如起、转、承及高潮的安排，结束部分的造型或退场；设计完主要的段落后，考虑各段的大体节拍数、队形的变化、运动路线；三是根据健美操的风格结构、长度、速度等因素选择与剪接音乐。

（3）分段编排动作

在拟定总体方案后，根据创编原则进行分部分段地创编动作，在创编的过程中，仍可以根据具体问题具体分析，有针对性地调整动作，以达到最佳效果，并将创编和局部练习结合起来，边创编、边练习、边修改，达到逐步完善。

（4）成套动作的排练与修改

分段创编结束后，动作基本成型，可以进行成套动作的练习，但是在创编尚未完成时，在练习中从整体上检查效果，即健美操的风格是否统一，动作与音乐是否浑然一体，队形与动作是否恰当，特殊要求与高潮的安排是否合理，动作之间的过渡连接是否流畅，只有在成套练习时才能看得清楚。检查后的修改过程是非常重要的环节，一定要做到准确、恰当、合理。

（5）撰写文字说明及绘图

之所以撰写文字说明及绘图，是为了将教学、研究、交流、出版长久地保留下来。

（二）体育文化视域下高校健美操的作用

1. 合理安排健美操运动，提高身体素质

有氧搏击操的形式主要分为拳击、空手道、功夫、跆拳道，甚至还有一些舞蹈动作的混合，有氧搏击操是一种配合强劲音乐的、具有独特风格的有氧健身操。搏击操不仅有多种动作，还要求在做动作时有爆发力，因此一节完整的搏击操会消耗大量的热量。同时，由于搏击操能锻炼全身的每一块肌肉，因此身体的弹性、柔韧性与反应速度也会得到提高。健美操运动能使学生保持健康的体形和体态，以及良好的身体素质，有利于其他课程的学习及更好地感受体育文化的内涵。

2. 加强耐力、力量锻炼，改善和提高生理机能

健美操是一种以人体基本生理机能为基础的舞蹈形式，其将人体的基本身体素质如柔韧性、协调性、力量和耐力等与舞蹈在音乐伴奏下完成动作的运动。健美操在运动形式上遵循健康与美学原则，呈现出充满青春活力的动感和美感。健美操可以在短时间内达到符合健美标准的身体素质。健美操作为一种高强度的有氧训练，其动作通常在跳跃状态下完成。健美操是一项以促进身体健康为主要目的的活动，它将人体的基本动作如"行走、奔跑、跳跃"与身体各个部位的简单摇摆相结合，从而形成了一种"操化"的锻炼方式。

3. 进行心理调节，改善心理健康状况

在健美操课堂中，练习者在音乐的伴奏下进行身体锻炼，能够感受到愉快的情趣，调动其精神力量和体力，培养和帮助人们进入一种最佳的心理状态，并产生向往和追求美的心理趋势，从而为生活开辟了另一个天地，共同学习，相互帮助，共同提高，培养学生团结协作及集体主义精神。

通过对健美操对大学生健康的影响的分析，让大多数大学生能够清楚地了解和认识自己的身体和心理需要。健康的机体对于每个人来说尤为重要，因此大学生应有针对性地选择适合自己特点的练习内容与方法。同时，还能让大学生认识到健美操在增进健康和形体美、缓解精神压力、娱乐身心、医疗保健等方面的重要作用。

4. 提高健美操课程在高校体育课程中的地位

健美操的适用人群十分广泛，而且对场地和器材没有严格要求。虽然我国高校都开设了健美操课程，但有些学校的期末考试有健美操课，有些学校则没有，这也说明部分高校对其重要性的认识还不够充分。高校应该加强对健美操课程的重视程度，因为健美操是一种新型的体育运动形式，它不仅能激发学生锻炼的积极性，还能促进学生的身心健康发展，同时也有利于体育文化的传播。

（三）体育文化视域下高校健美操学练的实践操作

随着我国健美操运动的蓬勃发展，高校已经成为我国培养与输送高水平健美操人才的主要基地。高校健美操运动的开展情况不仅影响着我国高层次健美操人才的质量和竞技水平，而且直接关系高校体育及高校体育文化的健康发展。以下便是健美操学练中的具体操作。

1. 健美操锻炼前的准备活动

在开始锻炼前，要先进行热身运动，一般来说，热身运动大约需要 10～15 分钟。此举能够让健身者在心理、生理上做好准备，使机体由抑制状态逐步过渡到兴奋状态，对将要进行的剧烈运动有充分准备，以提高人体工作效率和防止因运动而造成的外伤。根据天气变化，对热身时间、活动量做相应调整。

2. 健美操锻炼中的负荷问题

大学生参与健美操锻炼的目的在于获得最佳的身体锻炼效果。从生理学角度来看，唯有施加适度的负荷刺激，方可提升身体素质。因此，为了加强健美操的锻炼效果，必须首先确定与个体体质相适应的科学锻炼负荷。

3. 健美操锻炼中的保健问题

学生参加健美操运动前，应进行全面的身体检查，尤其应着重检查心血管系统是否正常。如果健身者出现了发烧或感冒的症状，就要禁止参加运动，避免病情恶化。对有心脏疾病和糖尿病的患者来说，要先向医生及教师征求同意后，再进行运动，运动过程中一定要慎之又慎，运动时间应视个人条件而定。

（1）健美操锻炼的着装问题

为了适应季节变化和练习环境温度等多种因素，学生需要选择合适的服装来进行锻炼。尽量选择专门的健美操服，如果选择其他衣服，建议优先选择柔软有弹性的棉质面料、透气性和吸湿性好的织物，另外对于袜子的选择，建议选纯棉质的运动袜。同时，鞋子也应该选择具有弹性、柔软性、尺寸适宜且透气性良好的运动鞋。运动完后要及时清洗运动服与鞋袜。

（2）健美操锻炼中的饮食与饮水问题

首先，在饮食方面。在参加健美操锻炼之前和之后，务必注意饮食卫生，以确保身体健康。一般情况下，在进食后的 1.5~2.5 小时才能进行健美操锻炼。在进行健美操锻炼之前，应该控制饮食摄入量，同时确保食物易于消化吸收；在进行健美操锻炼后，不应立即进食。其次，在饮水方面。在进行健美操锻炼时，需要格外注意饮用水的质量，尽量避免喝多种饮料，多喝白开水或者多喝淡盐水，及时补充身体由于出汗过多而流失的钠盐，也忌喝过多的冷水，否则会对胃肠道产生强烈的刺激，使胃肠功能紊乱，进而造成消化不良。还要注意饮水量。由于运动时出汗较多，所以饮水量也会增大，需要注意的是，不能一次性喝太多，要分次喝。一次喝水要控制在 200 毫升内，两次喝水的间隔时间不低于 15 分钟。

（3）健美操锻炼中的损伤与预防

健美操是一项基于快节奏音乐的运动项目，其在运动过程中需要大幅度、高强度完成多种单个或复合的动作。为了避免健美操造成的伤害，一是需要加强自我监管，掌握有关运动损伤的知识。二是加强身体素质训练，必须对易受伤害的区域进行有针对性的训练，并合理规划运动负荷，以达到最佳效果。按照渐进式的原则，逐步推进。三是及时纠正错误的运动技术。四是通过进行充分的热身运动，可以促进关节肌肉的充分活动和张开，从而提高身体的灵活性和适应性。五是在身体机能不佳的情况下，应当适度减少或调整运动量和练习强度，以维持身体的健康状态。

4. 健美操锻炼后的放松活动

在健美操中，放松运动是一项不可或缺的活动，其重要性不言而喻。在进行锻炼后，进行整理和放松有助于人们在锻炼至停止期间获得缓冲，从而达到更好的身体状态。人在激烈运动时，能量消耗巨大，需要大量摄入氧气，若突然停止活动而未进行整理活动，不仅会影响氧气的补充，还会影响静脉血回流和心脏输送量的增加，从而导致出现一时性脑贫血和血压下降等不良后果。

由此可知，运动后的放松运动是十分必要且重要的。大学这一阶段是大学生处于身心全面发展的最后阶段，要想快速掌握健美操运动技巧，只有先全面掌握健美操的基础常识与特殊要求，完成这一步骤后，才能深刻感受到健美操文化的内核所在。

参考文献

[1] 张鹏:《高校体育文化教育与运动研究》,吉林科学技术出版社2020年版。

[2] 康丹丹、施悦、马烨军:《高校体育文化建设与大学生体育健康》,吉林人民出版社2020年版。

[3] 赵一刚:《高校校园体育文化建设与探究》,中国原子能出版社2022年版。

[4] 任莲香:《体育文化与高校体育》,甘肃人民出版社2005年版。

[5] 张雷:《高校体育文化教育与全民健身研究》,天津科学技术出版社2020年版。

[6] 高健、孙旭静:《高校体育文化教育与运动研究》,北京工业大学出版社2019年版。

[7] 刘蒙、王杨:《高校体育文化研究与教学初探》,天津人民出版社2018年版。

[8] 刘明、张可、刘洋:《普通高校体育教学发展与改革探究》,中国纺织出版社2018年版。

[9] 田应娟:《当代高校体育教学改革创新与发展》,吉林人民出版社2021年版。

[10] 邓艺华、李国印:《我国高校体育教学研究热点分析》,《冰雪体育创新研究》2021年第19期。

[11] 钱华:《浅论现代图书馆开放服务与管理》,《内蒙古科技与经济》2015年第9期。

[12] 管培国:《文化交融视野下高校体育教学改革》,《潍坊学院学报》2022年第2期。

[13] 陈洁:《高校体育俱乐部教学助力校园体育文化建设》,《山西青年》2021年第12期。

[14] 高磊磊:《高校体育教学融合红色文化思政教育的研究》,《文化产业》2021年第15期。

[15] 宗娜:《冰雪运动对高校校园体育文化建设的影响》,《冰雪体育创新研究》2020年第18期。

[16] 陈玉容:《高校体育教学环境的优化路径探究》,《当代体育科技》2023年第6期。

[17] 闫文、曹晓静:《"运动教育"模式在高校体育教学的创新研究》,《吉林广播电视大学学报》2023年第1期。

[18] 夏国掌:《运动类APP在高校体育教学中的应用》,《新体育》2022年第22期。

[19] 袁兰军、丁锋:《高校体育教学中的德育渗透研究》,《青少年体育》2022年第11期。

[20] 季城:《西安市普通高校体育教学环境优化策略研究》,硕士学位论文,西安工业大学,2022年。

[21] 宋昊洋:《普通高校公共体育俱乐部制教学管理模式及优化路径研究》,硕士学位论文,阜阳师范大学,2022年。

[22] 周士杰:《高校体育文化育人功能研究》,硕士学位论文,南华大学,2017年。

[23] 刘彬:《论高校体育教学中体育文化的传承》,硕士学位论文,辽宁师范大学,2006年。

[24] 刘宇:《高校体育对大学生个性发展的影响研究》,硕士学位论文,四川大学,2005年。

[25] 张帅:《翻转课堂引入高校体育教学的学理分析、价值透视及实践策略研究》,硕士学位论文,中国矿业大学,2021年。

[26] 欧阳荣:《高校体育院系健美操专项课程教学生态环境研究》,硕士学位论文,湖南科技大学,2021年。

[27] 刘应梅:《普通高校体育教学目标的实现路径研究——基于体育学科核心素养视角的分析》,硕士学位论文,西南财经大学,2020年。

[28] 谷瑞华:《高校体育社团在构建校园文化中的价值研究》,硕士学位论文,北京体育大学,2019年。

[29] 陈永洪:《高校校园体育文化发展中存在的问题及对策研究》,硕士学位论文,四川师范大学,2019年。